INHALT

Friedrich Schiller
Pastellbildnis von Ludovike Simanowiz, Spätherbst 1793

BIOGRAFIE DES AUTORS

10. Nov. 1759	Johann Christoph Friedrich Schiller wird in Marbach am Neckar (im Herzogtum Württemberg gelegen) geboren. Er hat eine zwei Jahre ältere Schwester. Schillers Mutter stammt aus einer verarmten Bäcker- und Gastwirtfamilie; der Vater dient seit 1759 als Leutnant dem Herzog Karl Eugen von Württemberg; 1761 wird er zum Hauptmann befördert und 1763 als Werbeoffizier nach Schwäbisch-Gemünd versetzt. Wegen der hohen Lebenshaltungskosten in Schwäbisch-Gemünd wohnt die Familie im benachbarten Lorch.

Schillers Geburtshaus in Marbach

1764	In Lorch wird Friedrich 1764 eingeschult. Schon ein Jahr später schickt ihn der Vater zu Pfarrer Moser, damit er Latein lerne. Pfarrer Moser wird für den Jungen zum Vorbild; er weckt in ihm den lang fortwährenden Wunsch Geistlicher zu werden.
1767	Die Familie zieht nach Ludwigsburg um, wo Herzog Karl Eugen residiert und ein sehr aufwendiges Leben führt. Die Stadt hat etwa 10 000 Einwohner; ständig finden Feierlichkeiten und kulturelle Großereignisse statt. Der Vater verfolgt ehrgeizige Pläne mit seinem Sohn. Friedrich besucht die Lateinschule, jährlich muss er am Ende des Schuljahres nach Stuttgart reisen um in einer Prüfung, dem so genannten Landesexamen, den Nachweis zu erbringen, dass er erfolgreich gelernt hat. Von diesen Prüfungen hängt es ab, ob Schiller später kostenlos die evangelische Landesschule besuchen darf um daran anschließend mit dem Theologiestudium beginnen zu können. Schiller besteht drei Prüfungen mit hervorragenden Ergebnissen, scheitert zunächst bei der vierten, holt den Stoff aber schnell nach und ist letztlich erfolgreich.

1773 Seine beruflichen Wünsche zerschlagen sich in dem Augenblick, als Herzog Karl Eugen der Familie Schiller gegenüber den Wunsch, der einem Befehl gleichkommt, äußert, sie möge ihren Sohn die Herzogliche Militär-Akademie besuchen lassen. Der Herzog hatte 1771 eine „Militär-Pflanzschule" in unmittelbarer Nachbarschaft seines Jagd- und Lustschlosses, der Solitude, gegründet. In ihr sollten Jungen aus Offiziers- und Beamtenfamilien kostenlos erzogen und ausgebildet werden. Karl Eugen wollte so geeignete und willfährige Kräfte für den Beamtenapparat und das Offizierskorps gewinnen.

Die Familie Schiller reagiert auf das Ansinnen des Herzogs sehr bestürzt, der Vater trägt dem Herzog seine und Friedrichs Vorstellungen über dessen weiteren beruflichen Werdegang vor, stößt aber beim Herzog auf taube Ohren und muss seinen Sohn schließlich am 16. Januar 1773 in der nahe Stuttgart gelegenen Karlsschule, wie die Militär-Akademie auch heißt, abliefern.

In der Militär-Akademie werden die Schüler einer sehr strengen Ordnung unterworfen. „Schiller hatte in diesen acht Jahren kaum einen freien Tag und nur gelegentlich ein paar freie Stunden. Schulferien waren unbekannt. Urlaub wurde nicht erteilt.

Der ganze Tagesverlauf war militärisch geregelt. In den großen Schlafsälen wurde im Sommer um 5, im Winter um 6 geweckt. Unteroffiziere überwachten das Bettenmachen und die Toilette. Dann marschierten die Zöglinge in den Rangiersaal zum Frühappell, von da in den Speisesaal zum Frühstück, das aus Brot- und Mehlsuppe bestand. Alle Verrichtungen wurden kommandiert, das Händefalten zum Gebet, das Niedersetzen und der Abmarsch.

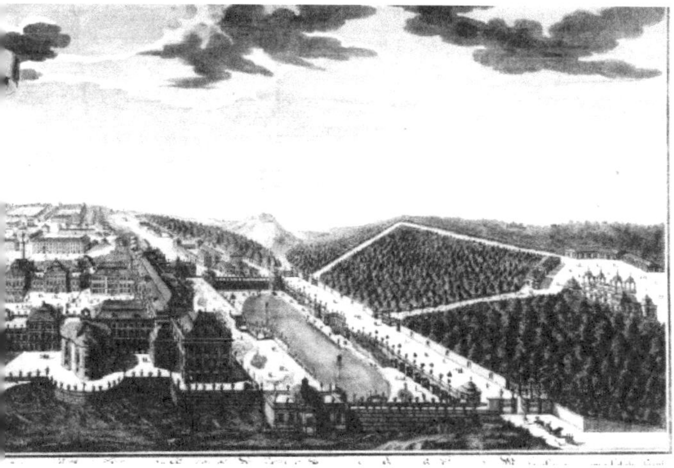

Ludwigsburg, Residenzschloss mit Fasanengarten (Kupferstich von Donato Guiseppe Frisoni, 1727)

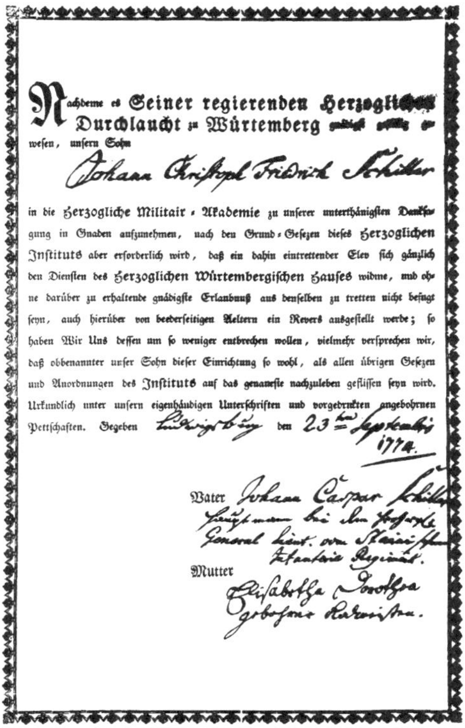

Nachdeme es Seiner regierenden Herzoglichen Durchlaucht zu Würtemberg gnädigst gefällig gewesen, unsern Sohn

Johann Christoph Friedrich Schiller

in die Herzogliche Militair-Akademie zu unserer unterthänigsten Danksagung in Gnaden aufzunehmen, nach den Grund-Gesezen dieses Herzoglichen Instituts aber erforderlich wird, daß ein dahin eintrettender Elev sich gänzlich den Diensten des Herzoglichen Würtembergischen Hauses widme, und ohne darüber zu erhaltende gnädigste Erlaubnuß aus denselben zu tretten nicht befugt seyn, auch hierüber von beederseitigen Aeltern ein Revers ausgestellt werde; so haben Wir Uns dessen um so weniger entbrechen wollen, vielmehr versprechen wir, daß obbenannter unser Sohn dieser Einrichtung so wohl, als allen übrigen Gesezen und Anordnungen des Instituts auf das genaueste nachzuleben geflissen seyn wird. Urkundlich unter unsern eigenhändigen Unterschriften und vorgedruckten angebohrnen Pettschaften. Gegeben Ludwigsburg den 23ten Septembris 1774.

Vater Johann Caspar Schiller
Hauptmann bei dem Herzogl.
General Lieut. von Stainischen
Infanterie Regiment.

Mutter
Elisabetha Dorothea
gebohrne Kodweißin.

Urkunde, mit der die Eltern Schiller sich verpflichten ihren Sohn „den Diensten des Herzoglichen Württembergischen Hauses“ zu übergeben

Von 7 bis 11 Uhr war Unterricht. Dann kam die halbe Stunde, die dem Eleven Schiller die meisten Rügen und den Ruf eines Schweinepelzes einbrachte: die Zeit der Säuberung, Propreté genannt. Der Paradeanzug wurde jetzt angelegt, der stahlblaue Rock mit den schwarzen Aufschlägen, weiße Weste und Hose, Stulpenstiefel und Degen, der Dreispitz mit Borten und Federbusch. Da der Herzog rotes Haar nicht ausstehen konnte, musste Schiller es mit Puder bestreuen. Dazu trug er gleich allen anderen einen langen künstlichen Zopf und an den Schläfen zwei mit Gips verkleisterte Papilloten [Haarwickel]. So angetan marschierten die Eleven zum Mittagsappell und in den Speisesaal. Nach dem Essen war Spaziergang und Exerzieren angeordnet, danach Unterricht von zwei bis sechs, anschließend wieder Propreté. Der Rest des Tages war dem genau vorgeschriebenen Selbststudium gewidmet. Gleich nach dem Abendessen ging es zu Bett."[1]

Schiller erbringt bei seinen Jurastudien zunächst gute Leistungen, fällt dann aber immer stärker ab. Er muss auf Geheiß des Herzogs das Studium aufgeben. Die Möglichkeit, Schiller zum Wechsel zu zwingen, eröffnet sich dem Herzog mit der Verlegung der Karlsschule nach Stuttgart und deren Erweiterung um eine medizinische Fakultät. Schiller ist ebenso wie seine Eltern über das Ansinnen des Herzogs entsetzt, freundet sich dann aber immer stärker mit dem neuen Studiengang an und erlangt auch wieder gute Noten. Schon frühzeitig während seines Aufenthalts an der Karlsschule hat Schiller sich für die Dichtkunst interessiert; heimlich, jedoch mit großer Begeisterung liest er zusammen mit Gleichgesinnten Werke zum Beispiel von Lessing, Shakespeare, Goethe. In diese Zeit fallen seine ersten schriftstellerischen Versuche. Eine Begegnung mit Goethe, der als Gast des Herzogs an der jährlichen Preisverleihung der Karlsschule teilnimmt, macht großen Eindruck auf ihn. Am Ende seines Aufenthalts an der verhassten Militärschule arbeitet er heimlich und unter schwierigen Bedingungen an seinem ersten Drama, das unter dem Namen *Die Räuber* später für großes Aufsehen sorgen wird.

1780 Nach langen Vorarbeiten legt Schiller seine ursprünglich lateinisch abgefasste Prüfungsarbeit vor, die aber als nicht druckreif verworfen wird. Obwohl er die Abschlussprüfung mit Auszeichnung besteht, muss er auf Befehl des Herzogs weiterstudieren.

Nachdem eine erneut vorgelegte Arbeit veröffentlicht und die mündliche Prüfung bestanden worden war, wird Schiller am 14.12.1780, im Alter von 21 Jahren, aus der Karlsschule entlassen. Das ursprünglich vom Herzog gegebene Versprechen, Schiller solle eine überdurchschnittlich gut bezahlte Stellung erhalten, wird nicht eingelöst. Schiller tritt eine Stelle als Regimentsmedikus an.

1 Friedrich Burschell: Friedrich Schiller in Selbstzeugnissen und Bilddokumenten. Hamburg: Rowohlt 1976, S. 15

Schiller liest seinen Freunden im Bopserwald bei Stuttgart aus den *Räubern* vor. (Federzeichnung von Victor Heideloff)

1781 Zu Beginn des Jahres 1781 bezieht Schiller mit einem ehemaligen Mitschüler ein armseliges Zimmer in Stuttgart. Seine Tätigkeit als Feldscher füllt ihn nicht aus. Seine Rezepte, bei den Soldaten gefürchtet, werden von Vorgesetzten beanstandet, die Verantwortung für die medizinische Betreuung der Soldaten geht mehr und mehr auf andere über. Schiller lebt zusammen mit Gleichaltrigen das freie Leben eines Studenten. Er überarbeitet *Die Räuber*, verfasst Gedichte und schreibt hin und wieder für ein Stuttgarter Lokalblatt.

Ab Frühjahr 1781 versucht Schiller einen Verleger für sein Drama zu finden. Alle Bemühungen bleiben ohne Erfolg, sodass er sich 150 Gulden leiht und das Stück auf eigene Kosten drucken lässt.

Der Intendant des Mannheimer Hof- und Nationaltheaters, von Dalberg, spendet Schiller für sein erstes Stück Beifall, zeigt Interesse an weiteren Stücken, verlangt aber für *Die Räuber* Überarbeitungen, die das Stück bühnengerecht machen und den revolutionären Anspruch mildern sollen.

1782 Am 13. Januar 1782 kommt es schließlich zur Uraufführung in Mannheim. Schiller reist heimlich aus Stuttgart an, es herrscht riesiger Publikumsandrang. Während der Aufführung kommt es zu tumulthaften Szenen und Beifallsbekundungen.

Im Mai desselben Jahres reist Schiller ein weiteres Mal ohne Erlaubnis des Herzogs nach Mannheim. Nach seiner Rückkehr erhält er vierzehn Tage Arrest; später wird er mit dem Verbot belegt dichterische Werke zu schreiben. Als alle Versuche Schillers scheitern, zu einem Ausgleich mit dem Herzog zu kommen, entschließt er sich zur Flucht aus Württemberg.

Sept. 1779

Schiller findet in dem Musikstudenten Andreas Streicher einen guten Freund und selbstlosen Helfer. Beide bestimmen den 22. September als Datum ihrer heimlichen Abreise, weil an diesem Tag in Stuttgart wegen des Besuchs eines russischen Staatsgastes und der damit verbundenen Festlichkeiten große Betriebsamkeit herrscht. Streicher hat später ein Buch über die gemeinsame Flucht geschrieben; darin heißt es: „Auf der Solitüde erfuhr man, dass daselbst [...] die große Hirschjagd, Schauspiel und eine allgemeine, prächtige Beleuchtung stattfinden solle. Zu Hause angelangt wurde zwischen Schiller und S. [S. ist Streicher selbst – Anm. der Bearbeiter] alles, was ihre Reise betraf, noch umso eifriger besprochen, als keine Zeit mehr zu verlieren war, da die Festlichkeiten bald zu Ende sein würden. [...]

Die bürgerliche Kleidung, welche sich Schiller hatte machen lassen, seine Wäsche, die Werke von Haller, Shakespeare usw. usw., noch einige andere Dichter wurden nach und nach von S. weggebracht, sodass für die spätern Stunden nur wenig mehr zu tun übrig blieb. Am letzten Vormittag sollte nach der Abrede um zehn Uhr alles bereit sein, was von Schiller noch wegzubringen war, und S. fand sich mit der Minute ein. Allein er fand nicht das Mindeste hergerichtet. Denn nachdem Schiller um acht Uhr in der Frühe von seinem letzten Besuch in dem Lazarett zu Hause gekehrt war, fielen ihm bei dem Zusammensuchen seiner Bücher die Oden von Klopstock in die Hände, unter denen eine ihn schon oft besonders angezogen und aufs Neue so aufregte, dass er sogleich – jetzt in einem so entscheidenden Augenblick! – ein Gegenstück dichtete. [...]

Erst am Nachmittag aber konnte alles in Ordnung gebracht werden und abends neun Uhr kam Schiller in die Wohnung von S. mit einem Paar alten Pistolen unter seinem Kleide. [...]

Der Weg wurde zum Esslinger Tor hinaus genommen, weil dieses das dunkelste war und einer der bewährtesten Freunde Schillers – möchte ihm das Vergnügen gegönnt sein, diese Zeilen noch zu lesen – als Leutnant die Wache hatte, damit, wenn sich da eine Schwierigkeit ergäbe, diese durch Vermittlung des Offiziers sogleich behoben werden könne. Es war ein Glück, dass damals von keinem zu Wagen Reisenden ein Pass abgefordert wurde. Nur S. hatte sich einen nach Hamburg geben lassen, welches aber nur der überflüssig scheinenden Vorsicht wegen geschah. So gefasst die jungen Leute auch auf alles waren, und so wenig sie eigentlich zu fürchten hatten, so machte dennoch der Anruf der Schildwache – Halt! – Wer da! – Unteroffizier heraus! – einen unheimlichen Eindruck auf sie. Nach den Fragen: Wer sind die Herren? Wo wollen Sie hin? wurde von S. des Dichters Name in Doktor Ritter und der seinige in Doktor Wolf verwandelt, beide nach Esslingen reisend, angegeben und so aufgeschrieben. Das Tor wurde nun geöffnet, die Reisenden fuhren vorwärts, mit forschenden Blicken in die Wachstube des Offiziers, in der sie zwar kein Licht, aber beide Fenster weit offen sahen. Als sie außer dem Tore waren, glaubten sie einer großen Gefahr entronnen zu sein und gleichsam als ob diese wiederkehren könnte, wurden, so lange als sie die Stadt umfahren mussten um die Straße nach Ludwigsburg zu gewinnen, nur wenige Worte unter ihnen gewechselt. Wie aber einmal die erste Anhöhe hinter ihnen lag, kehrten Ruhe und Unbefangenheit zurück, das Gespräch wurde lebhafter und bezog sich nicht allein auf die jüngste Vergangenheit, sondern auch auf die bevorstehenden Erlebnisse."[2]

Schiller wird in Mannheim nicht so aufgenommen, wie er es erwartet hatte. Die Verbindungen zum Theater tragen nicht. Er liest aus seinen Entwürfen zum *Fiesco*, findet aber nur mäßigen Beifall. – Aus Furcht vor Nachstellungen des Herzogs von Württemberg verlassen Schiller und Streicher Mannheim und wandern – Schiller ist den Anstrengungen kaum gewachsen und bricht mehrmals zusammen – nach Frankfurt, wo sie sich teils aus Geldmangel, teils aus Angst vor Verfolgung in einem billigen Vorstadtquartier einmieten. Wiederholt unternimmt Schiller Reisen nach Mannheim. Weil das Leben in Frankfurt zu teuer ist und die Reisen nach Mannheim zu beschwerlich werden, ziehen sie nach Oggersheim, einem linksrheinischen Dorf in der Nähe Mannheims, und quartieren sich – Schiller unter fremden Namen – in einem einfachen Gasthaus ein. Nachdem auch die überarbeitete Fassung des *Fiesco* vom Mannheimer Theater nicht akzeptiert wird, muss Schiller erkennen, dass er in Oggersheim nicht bleiben kann. Aus seiner Stuttgarter Zeit kennt er eine Frau von Wolzogen, die ihm bereits früher angeboten hatte, dass er ihr Haus in Bauerbach in Thüringen als Zufluchtsstätte wählen könnte.

Nov. 1782 Er kommt jetzt auf dieses Angebot zurück. Ende November 1782 bricht er nach dort auf, Streicher bleibt zurück.

Schiller empfindet zunächst den Aufenthalt in Bauerbach als sehr wohltuend, obwohl er weitgehend von jedem menschlichen Verkehr abgeschnitten ist. Er arbeitet intensiv an dem Stück *Luise Millerin*, das später unter dem Namen *Kabale und Liebe* bekannt und berühmt werden wird. Gleichzeitig betreibt er Vorstudien zu dem Drama *Don Karlos*. Als der Intendant des Mannheimer Theaters von dem Schauspiel *Kabale und Liebe* hört, knüpft er erneut Kontakte zu Schiller. Schiller kann trotz seiner schlechten Erfahrungen mit Mannheim der Versuchung nicht widerstehen
1783 und kehrt im Juli 1783 zurück. Er wird, nachdem er sich verpflichtet hat drei Stücke (*Fiesco*, *Kabale und Liebe* und ein noch unbekanntes) binnen eines Jahres zu liefern, als Theaterdichter angestellt. Sein Entgelt beträgt 300 Gulden und die Einnahme je eines Theaterabends.

Schiller ist mit seiner festen Anstellung durchaus zufrieden, allein schon deshalb, weil er sich eine Tilgung seiner erheblichen Schulden und eine

2 Andreas Streicher: Schillers Flucht. Neu hrsg. von Paul Raabe. Stuttgart: Steinkopf 1959, S. 109–113

dauerhafte Besserung der finanziellen Situation erhofft. Er kann seine vielfältigen Pläne aber nicht mit dem gewünschten Nachdruck umsetzen, weil er an einer Seuche schwer erkrankt und wochenlang nur sehr eingeschränkt arbeiten kann.

April 1784 Im April 1784 wird die Aufführung von *Kabale und Liebe* zu einem Triumph. Streicher, der zusammen mit Schiller der Aufführung in Mannheim beiwohnt, erzählt: „Ruhig, heiter, aber in sich gekehrt und nur wenige Worte wechselnd, erwartete er – Schiller – das Aufrauschen des Vorhanges. Aber als nun die Handlung begann – wer vermöchte den tiefen, erwartenden Blick – das Spiel der unteren gegen die Oberlippe – das Zusammenziehen der Augenbrauen, wenn etwas nicht nach Wunsch gesprochen wurde – den Blitz der Augen, wenn auf Wirkung berechnete Stellen diese auch hervorbrachten – wer könnte dies beschreiben! – Während des ganzen ersten Aufzuges entschlüpfte ihm kein Wort und nur bei dem Schlusse desselben wurde ein ‚es geht gut' gehört.

Der zweite Akt wurde sehr lebhaft und vorzüglich der Schluss desselben mit so vielem Feuer und ergreifender Wahrheit dargestellt, dass, nachdem der Vorhang schon niedergelassen war, alle Zuschauer auf eine damals ganz ungewöhnliche Weise sich erhoben und in stürmisches, einmütiges Beifallrufen und Klatschen ausbrachen. Der Dichter wurde so sehr davon überrascht, dass er aufstand und sich gegen das Publikum verbeugte.

In seinen Mienen, in der edlen, stolzen Haltung zeigte sich das Bewusstsein sich selbst genuggetan zu haben sowie der Zufriedenheit darüber, dass seine Verdienste anerkannt und mit Auszeichnung beehrt würden.“[3]

Das Mannheimer Engagement verläuft dennoch wieder unglücklich. Die Arbeiten am dritten vertraglich vereinbarten Stück, dem *Don Karlos*, kommen nicht voran, Schillers Verhältnis zu verschiedenen Mitarbeitern des Theaters ist gestört, finanziell weiß er nicht mehr ein noch aus; eine Schuldhaft kann nur durch die selbstlose Hilfe seines Vermieters, eines Maurermeisters, vermieden werden. Sein Vertrag mit dem Theater wird

Sept. 1784 über den 1. September 1784 hinaus nicht verlängert. Die Herausgabe einer Zeitschrift schafft keinen Ausweg, weil sich nicht genügend Interessenten finden. Schiller ist ohne jedes Einkommen. Er muss wählen zwischen der Rückkehr in seinen Arztberuf oder der Existenz eines freien Schriftstellers und entscheidet sich für Letzteres.

In dieser kritischen Situation erhält Schiller von ihm gänzlich unbekannten Verehrern – später stellt sich heraus, dass es sich um Christian Gottfried Körner, seinen Freund Ludwig Ferdinand Huber und ihre Verlobten, die Schwestern Minna und Dora Stock, handelt – ein Päckchen übersandt, das

1785 eine seidene Brieftasche, vier Porträtzeichnungen, eine Komposition zu den *Räubern* und einen Brief Körners enthält, der Schiller zu sich nach Leipzig einlädt. Schillers unglückliche Beziehung zu Charlotte von Kalb gibt dann möglicherweise den letzten Anstoß die Einladung anzunehmen und 1785 zu seinem Gönner und späteren Freund Körner, der auch noch

3 Streicher, a.a.O., S. 194

Weimar, Gesamtansicht (Kupferstich von C. Müller)

Schillers Finanzschwierigkeiten diskret löst, zunächst nach Leipzig, dann nach Dresden zu übersiedeln. Dort arbeitet er intensiv am Manuskript des *Don Karlos*. Mitte 1787 erscheint tatsächlich seine erste Geschichtstragödie als Buch, im August desselben Jahres wird sie in Hamburg uraufgeführt.

Im Laufe der Zeit bedrückt Schiller, dass er nach wie vor von Körner abhängig, dass er nicht in der Lage ist auf eigenen Füßen zu stehen und dass er zu wenig Anregung durch interessante Gesprächspartner findet.

1787 Ende Juli 1787 verlässt Schiller Dresden und reist nach Weimar, einem Landstädtchen von etwa 6 000 Einwohnern, das zur damaligen Zeit als der Mittelpunkt des deutschen Geisteslebens gilt. Herzogin Anna Amalia hatte zunächst Wieland in die kleine Residenzstadt gezogen, ihr Sohn Karl August versammelte dann zahlreiche weitere bekannte Persönlichkeiten, unter anderem Herder und Goethe, am Hofe. Das nahe gelegene Jena gilt ebenfalls als ein bedeutsames Zentrum geistigen Lebens; Schiller knüpft sehr bald nach Jena engere Kontakte. Sein Aufenthalt in Weimar war als ein Besuch gedacht, bei dem er sich mit den bekanntesten Literaten Deutschlands messen und deren Urteil über sich erfahren wollte. Aus dem Besuch wird schließlich ein Bleiben bis zum Lebensende.

Die von Schiller intensiv ersehnte Bekanntschaft mit Goethe kann zunächst nicht zustande kommen, weil Goethe für längere Zeit in Italien weilt. Erst 1788 kommt es zu einer Begegnung, die aber Schiller keineswegs zufrieden stellt; zu sehr fühlt er sich Goethe unterlegen.

Den Schwerpunkt seiner Arbeit legt Schiller auf das Studium der Geschichte und auf die Auseinandersetzung mit der antiken Literatur und
1789 Kunst. Auf Empfehlung Goethes erhält Schiller 1789 eine Professur für Geschichte an der Universität Jena. Er zieht nach Jena um.

Er bezieht aber kein festes Gehalt, sondern nur die von den Studenten zu zahlenden Studiengebühren. Der Lehrtätigkeit sieht er mit Sorge entgegen, weil durch sie die Zeit für das Dichten beschnitten wird und weil er sich auf sie nicht genügend vorbereitet glaubt und deshalb in der Furcht lebt, die Studenten könnten mehr wissen als ihr Professor. – Zu seiner Antrittsvorlesung kommen statt der erwarteten 80 Studenten 500[4], deren Interesse vor allem dem berühmten Dichter der *Räuber* gilt.

1790 Mit Beginn des Jahres 1790 gewährt der Herzog von Weimar ein festes Jahresgehalt von 200 Talern, der Meininger Herzog ernennt Schiller zum Hofrat. Nachdem Frau von Lengefeld, die Mutter seiner zukünftigen Frau, eine jährliche Zahlung von 150 Talern zugesagt hat und Schiller über ein Jahreseinkommen von 800 Talern verfügen kann, glaubt er eine ausreichende finanzielle Grundlage für eine Ehe zu haben. Er heiratet Charlotte von Lengefeld, die er bereits seit Ende 1787 gekannt, der er 1789 seine Liebe offenbart und mit der er sich heimlich verlobt hat. Die Ehe gibt ihm ein Gefühl von Sicherheit und Harmonie. „,Mir macht es', schreibt er am 24. Oktober 1791, ,wenn ich auch Geschäfte habe, schon Freude mir nur zu denken, dass sie um mich ist; und ihr liebes Leben und Weben um mich herum, die kindliche Reinheit ihrer Seele und die Innigkeit ihrer Liebe, gibt mir selbst eine Ruhe und Harmonie, die bei meinem hypochondrischen Übel ohne diesen Umstand fast unmöglich wäre. Wären wir beide nur gesund, wir brauchten nichts weiter um zu leben wie die Götter.'"[5]

1791 Schiller erkrankt Anfang 1791 schwer an einem krampfartigen Brustleiden. Am 3. Januar bricht er zum ersten Mal zusammen, am 15. Januar kommt es zu einem Rückfall, im Mai erscheint er rettungslos verloren. „Zur täglichen Not kam nun die Qual der Krankheit. Die Arbeit wurde künftig für ihn zur Pause zwischen den Zusammenbrüchen seines kranken Körpers. Größere und kleinere Pausen konnte er den Krankheiten abringen, Monate oder Wochen oder Tage. Dieser Kampf, in dem einer der größten deutschen Dichter vierzehn Jahre gegen einen sterbenden Körper rang um seine unsterblichen Werke zu schaffen, ist als ein Heldenlied in die Geschichte der deutschen Nationalliteratur eingegangen."[6]

Nach einem Kuraufenthalt in Karlsbad kehrt er in besserer Verfassung, aber keineswegs geheilt nach Jena zurück. Seine Lehrtätigkeit kann er nicht ausüben, obwohl er besonders dringend – das Krankheitsjahr hat ihn 1400 Taler gekostet – auf Einnahmen angewiesen ist.

4 Friedrich Schiller: Kabale und Liebe. Text und Materialien, bearbeitet von Erdmute Pickerodt-Uthleb. Berlin: Cornelsen Verlag [7]1999, S. 18 (Reihe „Klassische Schullektüre")
5 Benno von Wiese: Friedrich Schiller. Stuttgart: Metzler 1959, S. 296
6 Alexander Abusch: Schiller, Größe und Tragik eines deutschen Genius. Berlin: Aufbau 1955, S. 152

Ähnlich wie im Jahr 1785 finden sich jedoch Menschen, die ihm helfen. Im Sommer 1791 verbreitet sich das Gerücht, Schiller sei gestorben. Es erreicht auch den dänischen Dichter Baggesen, der, als er später erfährt, Schiller lebe doch, den Herzog Friedrich von Holstein-Augustenburg und den Minister Graf Ernst von Schimmelmann überreden kann Schiller für drei Jahre ein Geschenk von jährlich 1000 Talern zu machen.

1792 Durch Gesetz vom 26. August 1792 verleiht die französische Nationalversammlung Schiller das Ehrenbürgerrecht. Damit soll zum Ausdruck gebracht werden, dass Frankreich, wo durch eine Revolution die Monarchie von einer Republik (Ziele: Freiheit, Gleichheit, Brüderlichkeit) abgelöst worden war, Schiller zu den herausragenden Freunden der Menschheit und der Gesellschaft zählt. Schiller liest von dieser beabsichtigten Ehrung in der Zeitung – tatsächlich erhält er die Urkunde erst sechs Jahre später –, ist zunächst begeistert, zweifelt aber mehr und mehr, ob er sie annehmen soll, als er von den Gräueln hört, die im Namen der jungen Republik begangen werden. Einen Ausweg für sich sieht er darin, dass er zwar das Ehrenbürgerrecht annehmen, aber eine Rede zur Verteidigung des gefangenen Königs halten will. Zur Reise nach Frankreich kommt es nicht. – Wie viele herausragende Persönlichkeiten des damaligen Deutschland hat auch Schiller ein zwiespältiges Verhältnis zur Französischen Revolution. Schiller befindet sich aufgrund seiner persönlichen Situation zudem in einer schwierigen Lage: Ursprünglich war er mit dem Vorsatz angetreten kein Diener eines Fürsten werden zu wollen, befindet sich jetzt aber tatsächlich in starker Abhängigkeit von fürstlicher Gunst.

1794 Schiller und Goethe treffen sich auf einem Kongress der „Naturforschenden Gesellschaft"; es kommt zu einem vertieften Gedankenaustausch. Schiller besucht Goethe in Weimar. Dies „war kein enthusiastisches Jugendbündnis, das hier geschlossen wurde, wohl aber eine der reichsten und produktivsten Freundschaften, welche die deutsche Überlieferung kennt."[7]

1797/98 Schillers und Goethes Begegnungen häufen sich, der Gedankenaustausch wird immer intensiver. Im dichterischen Wettstreit entstehen neben vielem anderen auch die berühmten Balladen der beiden, so zum Beispiel von Schiller *Der Taucher*, *Der Ring des Polykrates*, *Die Kraniche des Ibykus*, *Die Bürgschaft*.

1798/99 Ende 1798 und Anfang 1799 werden *Wallensteins Lager*, *Wallensteins Tod* und die *Piccolomini* aufgeführt und festigen Schillers Ruf ein Meister des historischen Dramas zu sein.

Nachdem der Herzog von Weimar die Jahrespension um 200 Taler auf 400 aufgestockt hat, zieht Schiller nach Weimar um.

1800 Im Frühjahr 1800 erkrankt er schwer. Sein Trauerspiel *Maria Stuart* wird in Weimar aufgeführt. Seine Versuche, die revolutionären Jugenddramen zu überarbeiten und zu „glätten", misslingen.

7 Benno von Wiese: Schiller. Eine Einführung in Leben und Werk. Stuttgart: Reclam 1958, S. 56

Johann Wolfgang von Goethe
(1749–1832)
(Kupferstich von Johann Heinrich Lips)

Schiller in seiner letzten Lebenszeit
(Miniaturbildnis von Emma Körner, 1812)

1801 Schiller schließt sein Stück *Die Jungfrau von Orleans* ab. Eine Uraufführung in Weimar lehnt Herzog Karl August ab, angeblich, weil seine Geliebte nicht die Rolle eines revolutionären Mädchens (Jungfrau von Orleans) spielen soll. Aufführungen in Leipzig, Berlin und Hamburg stoßen auf starkes öffentliches Interesse.

1802 Schiller kann sich ein eigenes Haus kaufen, als Freunde ihm Geld leihen. Der Kaiser erhebt ihn auf Empfehlung des Herzogs von Weimar in den erblichen Adelsstand. Erst dadurch erhält er Zutritt zu den Hofgesellschaften. Schiller ist die Verleihung des Adelstitels gleichgültig.

1803 Die *Braut von Messina* wird in Weimar aufgeführt.
Schiller hält sich jetzt jeden Sommer in Bad Lauchstädt auf, wo er seine eigenen Stücke inszeniert. „Er arbeitete für das Theater, schrieb an seinen Dramen, kämpfte gegen Krankheiten – und schlug alle Einladungen zu großen Mittag- und Abendessen aus. Nur im kleinen Kreis von Schauspielern und Wissenschaftlern fühlte er sich ungezwungen und heiter. Im Sommer 1803 entführten ihn in Lauchstädt eines Abends Studenten von Halle, Leipzig und Jena aus seiner Wohnung in einen Saal, wo sie ihn mit überschwänglichem Jubel empfingen. Der Student L. Kahn erzählt darüber: ‚Fast eine Stunde blieb Schiller unter uns, wahrhaftig ein Bursche unter Burschen. Er sprach uns auch an, dass wir diesen Enthusiasmus [...] bewahren und möglichst der Volksmasse mitteilen möchten, die gar zu leicht von festtäglichem Aufschwunge sich so angegriffen fühle, dass sie rasch wieder einem alltäglichen Seelenschlummer verfalle. Die Vivats, versteht sich, rissen während der Anwesenheit des Dichters gar nicht ab und er musste sich gefallen lassen sein herrliches Lied *Freude, schöner Götterfunken* nicht in vollendetster Harmonie zu hören. Nach dem Gesange folgte

ein Händedrücken und Umarmen, dem sich sogar auch unser Dichter fügte; [...]. Wir blieben, als auf seinen Wunsch Schiller nur von wenigen und ohne Getöse zurück nach seiner Wohnung begleitet worden war, in Saus und Braus bis zum hellen Morgen, wo wir es uns dann nicht nehmen ließen, unsern Abgott nochmals mit Gesang und Musik zu stören.'"[8]

Schiller hatte seit je die Angewohnheit sich mit verschiedenen Stoffen gleichzeitig zu beschäftigen. So befasst er sich auch während der Arbeiten an dem Stück *Die Braut von Messina* mit dem Tell-Stoff. Bereits am 9. September 1802 schreibt er an seinen Freund Körner: „Du hast vielleicht schon im vorigen Jahre davon reden hören, dass ich einen Wilhelm Tell bearbeite, denn selbst vor meiner Dresdner Reise wurde deshalb aus Berlin und Hamburg bei mir angefragt. Es war mir niemals in den Sinn gekommen. Weil aber die Nachfrage nach diesem Stück immer wiederholt wurde, so wurde ich aufmerksam darauf und ich fieng an Tschudis Schweitzerische Geschichte zu studieren. Nun gieng mir ein Licht auf, [...]"[9] – Aus dem Brief ist zu erkennen, dass Schiller den Tellstoff, der ihm allerdings durch Briefe Goethes bereits früher schon bekannt war, aufgreift, weil das Gerücht ihn erneut darauf stößt und weil die Erwartungen der Öffentlichkeit einen gewissen Druck ausüben. Hinzu kommt, dass gerade in diesen Jahren ein allgemeines Interesse an den politischen Verhältnissen in der Schweiz besteht, weil die Armeen Napoleons dort einmarschiert waren.

1803 beginnt Schiller mit einer intensiven Aneignung des Stoffes, er studiert verschiedene Darstellungen über die Schweizer Geschichte und Geografie. An Körner schreibt er unter dem Datum 12. September 1803: „Wenn mir die Götter günstig sind das auszuführen, was ich im Kopf habe, so soll es ein mächtiges Ding werden und die Bühnen von Deutschland erschüttern."[10] Wie konzentriert Schiller gearbeitet hat, schildert Goethe: „Schiller behauptete, der Mensch müsse können, was er wolle, und nach dieser Manier verfuhr er. Ich will Ihnen ein Beispiel geben: Schiller stellte sich die Aufgabe den *Tell* zu schreiben. Er fing damit an, alle Wände seines Zimmers mit so viel Spezialkarten der Schweiz zu bekleben, als er auftreiben konnte. Nun las er Schweizer Reisebeschreibungen, bis er mit Weg und Stegen des Schausplatzes des Schweizer Aufstandes auf das Genaueste bekannt war. Dabei studierte er die Geschichte der Schweiz; und nachdem er alles Material zusammengebracht hatte, setzte er sich über die Arbeit und buchstäblich genommen stand er nicht eher vom Platze auf, bis der *Tell* fertig war. Überfiel ihn die Müdigkeit, so legte er den Kopf auf den Arm und schlief. Sobald er wieder erwachte, ließ er sich nicht, wie ihm

8 Abusch, a.a.O., S. 316

9 Schillers Werke. Nationalausgabe, hrsg. im Auftrage der Nationalen Forschungs- und Gedenkstätten [...] von Norbert Oellers und Siegfried Seidel, Bd. 31: Briefwechsel. Schillers Briefe 1.1.1801–31.12.1802, hrsg. von Stefan Ormanns. Weimar: Böhlaus Nachfolger 1985, S. 160

10 Schillers Werke. Nationalausgabe, a. a. O., Bd. 32: Briefwechsel. Schillers Briefe 1.1.1803–9.5.1805, hrsg. von Axel Gellhaus. Weimar: Böhlaus Nachfolger 1984, S. 68

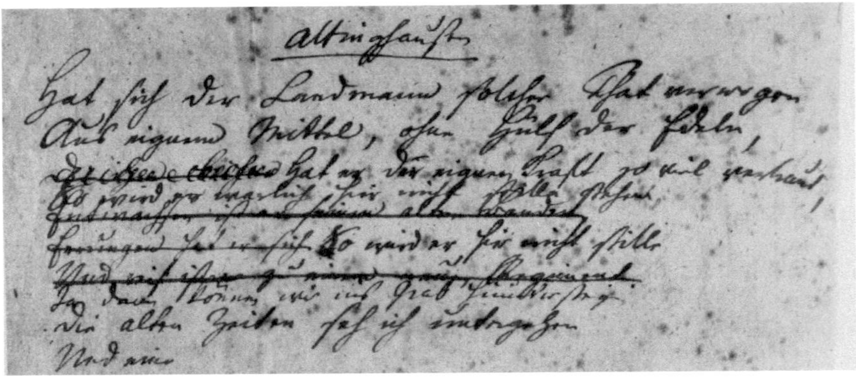

Ein Blatt aus dem Tell-Manuskript (IV. Aufzug, 2. Szene). Der Text weicht von der endgültigen Fassung ab.

fälschlich nachgesagt worden, Champagner, sondern starken schwarzen Kaffe bringen um sich munter zu halten. So wurde der *Tell* in sechs Wochen fertig; er ist aber auch wie aus *einem* Guß!“[11]

1804 Am 17. März 1804 kommt *Wilhelm Tell*, Schillers letztes vollendetes Drama, in Weimar zur Uraufführung. Es wird ein großer Erfolg, der sich am 4. April in Berlin und bei allen weiteren Aufführungen wiederholt.

Die Verhältnisse in Weimar behagen Schiller immer weniger; er kritisiert Goethes Passivität, leidet unter der geistigen Enge und scheint nicht willens in Weimar zu bleiben.

Im November 1804 erkrankt Schiller; während des ganzen Winters wiederholen sich seine Krankheitsanfälle. Im Frühjahr erholt er sich zunächst wieder.

1805 Am 29. April 1805 erleidet er auf dem Weg zu einer Theateraufführung einen schweren Rückfall. Über seine letzten Lebenstage geben die Aufzeichnungen seiner Schwägerin Auskunft: „,[...] Als ich am Abend des Siebenten (Mai 1805 – Ergänzung der Bearbeiter) zu ihm kam, wollte er, wie gewöhnlich, ein Gespräch anknüpfen über Stoffe zu Tragödien, über die Art, wie man die höheren Kräfte im Menschen erregen müsse. Ich antwortete nicht mit meiner gewöhnlichen Lebhaftigkeit, weil ich ihn ruhig halten wollte. Er fühlte es und sagte: ‚Nun, wenn mich niemand mehr versteht und ich mich selbst nicht mehr verstehe, so will ich lieber schweigen.‘ Er schlummerte bald darauf ein, sprach viel im Schlaf.

Den Morgen des Achten hatte er leidlich zugebracht, still und oft schlummernd. Als ich gegen Abend kam, vor sein Bett trat und fragte, wie es ihm gehe, drückte er mir die Hand und sagte: ‚Immer besser, immer heitrer.‘ Es waren seine letzten an mich gerichteten Worte. Er verlangte, man solle den Vorhang öffnen, er wolle die Sonne sehen. Mit heiterm Blick schaute er in

11 Burschell, a.a.O., S. 158 f.

Wilhelm Tell

Schauspiel

von

Schiller.

Zum Neujahrsgeschenk

auf 1805.

Tübingen,

in der J. G. Cotta'schen Buchhandlung.

1804.

Schiller: Wilhelm Tell. Schauspiel. Tübingen: Cotta 1804.
Titelblatt und Titelkupfer der Erstausgabe Anfang Oktober. Auflage: 7000 Exemplare.

den Abendstrahl. Seine Kinder verlangte er selten zu sehen. Sein treuer Diener sagte, dass er viel gesprochen, meist vom *Demetrius,* aus dem er
9. Mai Szenen rezitiert. Einige Mal habe er Gott angerufen, ihn vor einem langsa-
1805 men Hinsterben zu bewahren. Der Ewige erhörte seine Bitte. Am Neunten früh trat Besinnungslosigkeit ein; er sprach nur unzusammenhängende Worte, meistens Latein.

Gegen drei trat vollkommene Schwäche ein; der Atem fing an zu stocken. Meine Schwester kniete an seinem Bette, sie sagte, dass er ihr noch die Hand gedrückt. Ich stand mit dem Arzte am Fuß des Lagers und legte gewärmte Kissen auf seine erkaltenden Füße. Es fuhr wie ein elektrischer Schlag über seine Züge; dann sank sein Haupt zurück und die vollkommenste Ruhe verklärte sein Antlitz; seine Züge waren die eines sanft Schlafenden.'"[12]

12 Burschell, a.a.O., S. 166 f.

DER VIERWALDSTÄTTER SEE

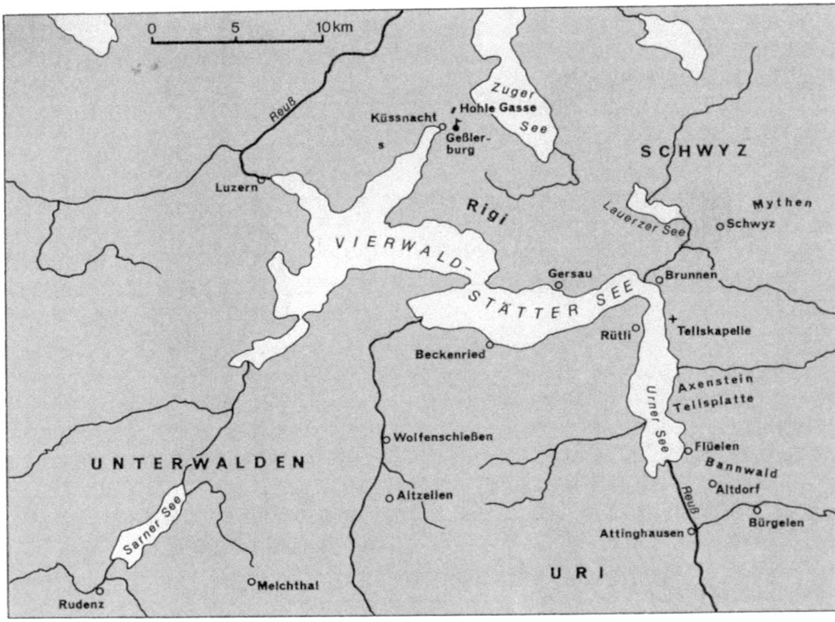

Der Vierwaldstätter See und die wichtigsten Örtlichkeiten aus *Wilhelm Tell*

WILHELM TELL

Schauspiel
Zum Neujahrsgeschenk auf 1805

PERSONEN

Hermann Geßler,
Reichsvogt in Schwyz und Uri
Werner, Freiherr von Attinghausen,
Bannerherr
Ulrich von Rudenz, *sein Neffe*

Landleute aus Schwyz:
Werner Stauffacher
Konrad Hunn
Itel Reding
Hans auf der Mauer
Jörg im Hofe
Ulrich der Schmied
Jost von Weiler

Landleute aus Uri:
Walter Fürst
Wilhelm Tell
Rösselmann, *der Pfarrer*
Petermann, *der Sigrist*
Kuoni, *der Hirte*
Werni, *der Jäger*
Ruodi, *der Fischer*

Landleute aus Unterwalden:
Arnold von Melchthal
Konrad Baumgarten
Meier von Sarnen
Struth von Winkelried
Klaus von der Flüe
Burkhardt am Bühel
Arnold von Sewa

Pfeiffer von Luzern
Kunz von Gersau
Jenni, *Fischerknabe*
Seppi, *Hirtenknabe*
Gertrud, *Stauffachers Gattin*
Hedwig, *Tells Gattin, Fürsts Tochter*
Berta von Bruneck, *eine reiche Erbin*

Armgard, Mechthild, Elsbet, Hildegard – *Bäuerinnen*

Walter, Wilhelm – *Tells Knaben*

Frießhardt, Leuthold – *Söldner*

Rudolf der Harras, *Geßlers Stallmeister*
Johannes Parricida, *Herzog von Schwaben*
Stüssi, *der Flurschütz*
Der Stier von Uri
Ein Reichsbote
Fronvogt
Meister Steinmetz, Gesellen und Handlanger
Öffentliche Ausrufer
Barmherzige Brüder
Geßler'sche und Landenbergische Reiter
Viele Landleute, Männer und Weiber
aus den Waldstätten

ERSTER AUFZUG

Erste Szene

Hohes Felsenufer des Vierwaldstättensees, Schwyz gegenüber

Der See macht eine Bucht ins Land, eine Hütte ist unweit dem Ufer, Fischerknabe fährt sich in einem Kahn. Über den See hinweg sieht man die grünen Matten[1]*, Dörfer und Höfe von Schwyz im hellen Sonnenschein liegen. Zur Linken des Zuschauers zeigen sich die Spitzen des Haken*[2]*, mit Wolken umgeben; zur Rechten im fernen Hintergrund sieht man die Eisgebirge. Noch ehe der Vorhang aufgeht, hört man den Kuhreihen*[3] *und das harmonische Geläut der Herdenglocken, welches sich auch bei eröffneter Szene noch eine Zeit lang fortsetzt.*

FISCHERKNABE *(singt im Kahn).*
(Melodie des Kuhreihens)
Es lächelt der See, er ladet zum Bade,
Der Knabe schlief ein am grünen Gestade[4],
Da hört er ein Klingen,
Wie Flöten so süß,
Wie Stimmen der Engel
Im Paradies.
Und wie er erwachet in seliger Lust,
Da spülen die Wasser ihm um die Brust
Und es ruft aus den Tiefen:
Lieb Knabe, bist *mein*!
Ich locke den Schläfer,
Ich zieh ihn herein.

HIRTE *(auf dem Berge).*
(Variation[5] *des Kuhreihens)*
Ihr Matten, lebt wohl!
Ihr sonnigen Weiden!
Der Senne[6] muss scheiden,
Der Sommer ist hin.
Wir fahren zu Berg, wir kommen wieder,
Wenn der Kuckuck ruft, wenn erwachen die Lieder,
Wenn mit Blumen die Erde sich kleidet neu,
Wenn die Brünnlein fließen im lieblichen Mai.

1 *Matte:* Weide in den Hochalpen
2 *Haken:* Name eines Gebirgszuges
3 *Reihen:* Reigen, Tanz, Melodie
4 *Gestade:* Ufer
5 *Variation:* Abänderung, Wechsel
6 *Senne:* Almhirt

Ihr Matten, lebt wohl,
Ihr sonnigen Weiden!
Der Senne muss scheiden,
Der Sommer ist hin.

ALPENJÄGER *(erscheint gegenüber auf der Höhe des Felsen).*
(Zweite Variation)
Es donnern die Höhen, es zittert der Steg,
Nicht grauet dem Schützen auf schwindlichtem Weg,
Er schreitet verwegen
Auf Feldern von Eis,
Da pranget kein Frühling,
Da grünet kein Reis[1];
Und unter den Füßen ein neblichtes Meer,
Erkennt er die Städte der Menschen nicht mehr,
Durch den Riss nur der Wolken
Erblickt er die Welt,
Tief unter den Wassern
Das grünende Feld.

(Die Landschaft verändert sich, man hört ein dumpfes Krachen von den Bergen, Schatten von Wolken laufen über die Gegend.)
(Ruodi, der Fischer kommt aus der Hütte. Werni, der Jäger steigt vom Felsen. Kuoni, der Hirte kommt, mit dem Melknapf auf der Schulter. Seppi, sein Handbube[2], folgt ihm.)

RUODI. Mach hurtig, Jenni. Zieh die Naue[3] ein.
Der graue Talvogt[4] kommt, dumpf brüllt der Firn[5],
Der Mythenstein[6] zieht seine Haube an
Und kalt her bläst es aus dem Wetterloch,
Der Sturm, ich mein, wird da sein, eh wirs denken.
KUONI. ’s kommt Regen, Fährmann. Meine Schafe fressen
Mit Begierde Gras und Wächter[7] scharrt die Erde.
WERNI. Die Fische springen und das Wasserhuhn
Taucht unter. Ein Gewitter ist im Anzug.
KUONI *(zum Buben).* Lug[8], Seppi, ob das Vieh sich nicht verlaufen.
SEPPI. Die braune Lisel kenn ich am Geläut.
KUONI. So fehlt uns keine mehr, die geht am weitsten.
RUODI. Ihr habt ein schön Geläute, Meister Hirt.
WERNI. Und schmuckes Vieh – Ists Euer eignes, Landsmann?

1 *Reis:* Zweig
2 *Handbube:* Gehilfe
3 *Naue:* Boot
4 *Talvogt:* Talnebel
5 *Firn:* Schnee, der getaut und wieder gefroren ist; Gletschereis
6 *Mythenstein:* eine aus dem Wasser ragende Felssäule
7 *Wächter:* Hundename
8 *lug:* schau

KUONI. Bin nit so reich – 's ist meines gnädgen Herrn,
Des Attinghäusers, und mir zugezählt.
RUODI. Wie schön der Kuh das Band zu Halse steht.
KUONI. Das weiß sie auch, dass sie den Reihen führt,
Und nähm ich ihrs, sie hörte auf zu fressen.
RUODI. Ihr seid nicht klug! Ein unvernünftges Vieh –
WERNI. Ist bald gesagt. Das Tier hat auch Vernunft,
Das wissen *wir*, die wir die Gemsen jagen,
Die stellen klug, wo sie zur Weide gehn,
'ne Vorhut aus, die spitzt das Ohr und warnet
Mit heller Pfeife, wenn der Jäger naht.
RUODI *(zum Hirten)*. Treibt Ihr jetzt heim?
KUONI. Die Alp ist abgeweidet.
WERNI. Glückselge Heimkehr, Senn!
KUONI. Die wünsch ich Euch,
Von Eurer Fahrt kehrt sichs nicht immer wieder.
RUODI. Dort kommt ein Mann in voller Hast gelaufen.
WERNI. Ich kenn ihn, 's ist der Baumgart von Alzellen.
(Konrad Baumgarten atemlos hereinstürzend)
BAUMGARTEN. Um Gottes willen, Fährmann, Euren Kahn!
RUODI. Nun, nun, was gibts so eilig?
BAUMGARTEN. Bindet los!
Ihr rettet mich vom Tode! Setzt mich über!
KUONI. Landsmann, was habt Ihr?
WERNI. Wer verfolgt Euch denn?
BAUMGARTEN *(zum Fischer)*.
Eilt, eilt, sie sind mir dicht schon an den Fersen!
Des Landvogts Reiter kommen hinter mir,
Ich bin ein Mann des Tods, wenn sie mich greifen.
RUODI. Warum verfolgen Euch die Reisigen[1]?
BAUMGARTEN. Erst rettet mich und dann steh ich Euch Rede.
WERNI. Ihr seid mit Blut befleckt, was hats gegeben?
BAUMGARTEN. Des Kaisers Burgvogt, der auf Rossberg saß –
KUONI. Der Wolfenschießen? Lässt Euch *der* verfolgen?
BAUMGARTEN. *Der* schadet nicht mehr, ich hab ihn erschlagen.
ALLE *(fahren zurück)*.
Gott sei Euch gnädig! Was habt Ihr getan?
BAUMGARTEN. Was jeder freie Mann an meinem Platz!
Mein gutes Hausrecht hab ich ausgeübt
Am Schänder meiner Ehr und meines Weibes.
KUONI. Hat Euch der Burgvogt an der Ehr geschädigt?
BAUMGARTEN. Dass er sein bös Gelüsten nicht vollbracht,
Hat Gott und meine gute Axt verhütet.

1 *Reisige:* berittene Krieger

WERNI. Ihr habt ihm mit der Axt den Kopf zerspalten?
KUONI. O, lass uns alles hören, Ihr habt Zeit,
Bis er den Kahn vom Ufer losgebunden.
BAUMGARTEN. Ich hatte Holz gefällt im Wald, da kommt
Mein Weib gelaufen in der Angst des Todes.
„Der Burgvogt liegt in meinem Haus, er hab
Ihr anbefohlen ihm ein Bad zu rüsten.
Drauf hab er Ungebührliches von ihr
Verlangt, sie sei entsprungen mich zu suchen."
Da lief ich frisch hinzu, so wie ich war,
Und mit der Axt hab ich ihm's Bad gesegnet[1].
WERNI. Ihr tatet wohl, kein Mensch kann Euch drum schelten.
KUONI. Der Wüterich! Der hat nun seinen Lohn!
Hats lang verdient ums Volk von Unterwalden.
BAUMGARTEN. Die Tat ward ruchbar[2], mir wird nachgesetzt –
Indem wir sprechen – Gott – verrinnt die Zeit –
(Es fängt an zu donnern.)
KUONI. Frisch, Fährmann – schaff den Biedermann[3] hinüber.
RUODI. Geht nicht. Ein schweres Ungewitter ist
Im Anzug. Ihr müsst warten.
BAUMGARTEN. Heilger Gott!
Ich kann nicht warten. Jeder Aufschub tötet –
KUONI *(zum Fischer)*:
Greif an mit Gott, dem Nächsten muss man helfen,
Es kann uns allen Gleiches ja begegnen.
(Brausen und Donnern)
RUODI. Der Föhn[4] ist los, Ihr seht, wie hoch der See geht,
Ich kann nicht steuern gegen Sturm und Wellen.
BAUMGARTEN *(umfasst seine Knie)*.
So helf Euch Gott, wie Ihr Euch mein erbarmet –
WERNI. Es geht ums Leben, sei barmherzig, Fährmann.
Kuoni. 's ist ein Hausvater und er hat Weib und Kinder!
(Wiederholte Donnerschläge)
RUODI. Was? Ich hab auch ein Leben zu verlieren,
Hab Weib und Kind daheim, wie er – Seht hin,
Wies brandet, wie es wogt und Wirbel zieht
Und alle Wasser aufrührt in der Tiefe.
– Ich wollte gern den Biedermann erretten,
Doch es ist rein unmöglich, Ihr seht selbst.

1 *und mit der Axt hab ich ihm's Bad gesegnet:* ironische Wendung: habe ich ihn getötet
2 *ruchbar:* bekannt
3 *Biedermann:* ehrlicher Mann
4 *Föhn:* Fallwind in den Alpen, der Wärme bringt

I, 1 BAUMGARTEN *(noch auf den Knien).*
So muss ich fallen in des Feindes Hand,
Das nahe Rettungsufer im Gesichte!
– Dort liegts! Ich kanns erreichen mit den Augen,
Hinüberdringen kann der Stimme Schall,
Da ist der Kahn, der mich hinübertrüge,
Und muss hier liegen, hülflos, und verzagen!
KUONI. Seht, wer da kommt!
WERNI. Es ist der Tell aus Bürglen.
(Tell mit der Armbrust[1])
TELL. Wer ist der Mann, der hier um Hülfe fleht?
KUONI. 's ist ein Alzeller Mann[2], er hat sein Ehr
Verteidigt und den Wolfenschieß erschlagen,
Des Königs Burgvogt, der auf Rossberg saß –
Des Landvogts Reiter sind ihm auf den Fersen,
Er fleht den Schiffer um die Überfahrt,
Der fürcht't sich vor dem Sturm und will nicht fahren.
RUODI. Da ist der Tell, er führt das Ruder auch,
Der soll mirs zeugen[3], ob die Fahrt zu wagen.
TELL. Wo's Not tut, Fährmann, lässt sich alles wagen.
(Heftige Donnerschläge, der See rauscht auf.)
RUODI. Ich soll mich in den Höllenrachen stürzen?
Das täte keiner, der bei Sinnen ist.
TELL. Der brave Mann denkt an sich selbst zuletzt,
Vertrau auf Gott und rette den Bedrängten.
RUODI. Vom sichern Port[4] lässt sichs gemächlich raten,
Da ist der Kahn und dort der See! Versuchts!
TELL. Der See kann sich, der Landvogt nicht erbarmen,
Versuch es, Fährmann!
HIRTEN UND JÄGER. Rett ihn! Rett ihn! Rett ihn!
RUODI. Und wärs mein Bruder und mein leiblich Kind,
Es kann nicht sein, 's ist heut Simons und Judä[5],
Da rast der See und will sein Opfer haben.
TELL. Mit eitler Rede wird hier nichts geschafft,
Die Stunde dringt[6], dem Mann muss Hülfe werden.
Sprich, Fährmann, willst du fahren?
RUODI. Nein, nicht ich!
TELL. In Gottes Namen denn! Gib her den Kahn,
Ich wills mit meiner schwachen Kraft versuchen.

1 *Armbrust:* eine aus dem Bogen entwickelte Fernwaffe
2 *Alzeller Mann:* Mann aus Alzell (Ortsname)
3 *zeugen:* bezeugen; hier auch: sagen
4 *Port:* Hafen
5 *Simons und Judä:* 28. Oktober
6 *dringt:* drängt, eilt

KUONI. Ha, wackrer Tell!
WERNI. Das gleicht dem Weidgesellen[1]!
BAUMGARTEN. Mein Retter seid Ihr und mein Engel, Tell!
TELL. Wohl aus des Vogts Gewalt errett ich Euch,
Aus Sturmes Nöten muss ein andrer helfen.
Doch besser ists, Ihr fallt in Gottes Hand
Als in der Menschen! *(Zu dem Hirten)* Landsmann, tröstet Ihr
Mein Weib, wenn mir was Menschliches begegnet[2],
Ich hab getan, was ich nicht lassen konnte.
(Er springt in den Kahn.)
KUONI *(zum Fischer)*. Ihr seid ein Meister Steuermann. Was sich
Der Tell getraut, das konntet *Ihr* nicht wagen?
RUODI. Wohl bessre Männer tuns dem Tell nicht nach,
Es gibt nicht zwei, wie der ist, im Gebirge.
WERNI *(ist auf den Fels gestiegen)*.
Er stößt schon ab. Gott helf dir, braver Schwimmer!
Sieh, wie das Schifflein auf den Wellen schwankt!
KUONI *(am Ufer)*. Die Flut geht drüber weg – Ich sehs nicht mehr.
Doch halt, da ist es wieder! Kräftiglich
Arbeitet sich der Wackre durch die Brandung.
SEPPI. Des Landvogts Reiter kommen angesprengt.
KUONI. Weiß Gott, sie sinds! Das war Hülf in der Not.
(Ein Trupp landenbergischer Reiter)
ERSTER REITER. Den Mörder gebt heraus, den ihr verborgen.
ZWEITER. *Des* Wegs kam er, umsonst verhehlt[3] ihr ihn.
KUONI UND RUODI. Wen meint ihr, Reiter?
ERSTER REITER *(entdeckt den Nachen[4])*. Ha, was seh ich! Teufel!
WERNI *(oben)*.
Ists der im Nachen, den ihr sucht? – Reit zu,
Wenn ihr frisch beilegt[5], holt ihr ihn noch ein.
ZWEITER. Verwünscht! Er ist entwischt.
ERSTER *(zum Hirten und Fischer)*. Ihr habt ihm fortgeholfen,
Ihr sollt uns büßen – Fallt in ihre Herde!
Die Hütte reißet ein, brennt und schlagt nieder! *(Eilen fort)*
SEPPI *(stürzt nach)*. O meine Lämmer!
KUONI *(folgt)*. Weh mir! Meine Herde!
WERNI. Die Wütriche!
RUODI *(ringt die Hände)*. Gerechtigkeit des Himmels,
Wann wird der Retter kommen diesem Lande?
(Folgt ihnen)

1 *Weidgeselle:* Jäger
2 *was Menschliches begegnet:* ein Unglück widerfährt, zu Tode kommt
3 *verhehlt:* versteckt
4 *Nachen:* Kahn
5 *beilegt:* gegen den Wind segelt

Zweite Szene

Zu Steinen in Schwyz

Eine Linde vor des Stauffachers Hause an der Landstraße, nächst der Brücke, Werner Stauffacher, Pfeiffer von Luzern kommen im Gespräch.

PFEIFFER. Ja, ja, Herr Stauffacher, wie ich Euch sagte.
Schwört nicht zu Östreich, wenn Ihrs könnt vermeiden.
Haltet fest am Reich und wacker wie bisher,
Gott schirme[1] Euch bei Eurer alten Freiheit!
(Drückt ihm herzlich die Hand und will gehen)
STAUFFACHER. Bleibt doch, bis meine Wirtin[2] kommt – Ihr seid
Mein Gast zu Schwyz, ich in Luzern der Eure.
PFEIFFER. Viel Dank! Muss heute Gersau noch erreichen.
– Was Ihr auch Schweres mögt zu leiden haben
Von Eurer Vögte Geiz und Übermut,
Tragts in Geduld! Es kann sich ändern, schnell,
Ein andrer Kaiser kann ans Reich gelangen.
Seid Ihr erst Österreichs, seid Ihrs auf immer.
(Er geht ab. Stauffacher setzt sich kummervoll auf eine Bank unter der Linde. So findet ihn Gertrud, seine Frau, die sich neben ihn stellt und ihn eine Zeit lang schweigend betrachtet.)
GERTRUD. So ernst, mein Freund? Ich kenne dich nicht mehr.
Schon viele Tage seh ichs schweigend an,
Wie finstrer Trübsinn deine Stirne furcht.
Auf deinem Herzen drückt ein still Gebresten[3],
Vertrau es mir, ich bin dein treues Weib
Und meine Hälfte fodr ich deines Grams.
(Stauffacher reicht ihr die Hand und schweigt.)
Was kann dein Herz beklemmen, sag es mir.
Gesegnet ist dein Fleiß, dein Glücksstand blüht,
Voll sind die Scheunen und der Rinder Scharen,
Der glatten Pferde wohlgenährte Zucht
Ist von den Bergen glücklich heimgebracht
Zur Winterung in den bequemen Ställen.
– Da steht dein Haus, reich, wie ein Edelsitz,
Von schönem Stammholz ist es neu gezimmert
Und nach dem Richtmaß ordentlich gefügt,
Von vielen Fenstern glänzt es wohnlich, hell,
Mit bunten Wappenschildern ists bemalt

1 *schirme:* schütze
2 *Wirtin:* Hausfrau
3 *Gebresten:* Leid, Kummer

Und weisen Sprüchen, die der Wandersmann
Verweilend liest und ihren Sinn bewundert.

STAUFFACHER. Wohl steht das Haus gezimmert und gefügt,
Doch ach – es wankt der Grund, auf den wir bauten.

GERTRUD. Mein Werner, sage, wie verstehst du das?

STAUFFACHER. Vor dieser Linde saß ich jüngst wie heut,
Das schön Vollbrachte freudig überdenkend,
Da kam daher von Küssnacht, seiner Burg,
Der Vogt mit seinen Reisigen geritten.
Vor diesem Hause hielt er wundernd[1] an,
Doch ich erhub mich schnell und unterwürfig,
Wie sichs gebührt, trat ich dem Herrn entgegen,
Der uns des Kaisers richterliche Macht
Vorstellt im Lande. Wessen ist dies Haus?
Fragt' er bösmeinend, denn er wusst es wohl.
Doch schnell besonnen ich entgegn ihm so:
Dies Haus, Herr Vogt, ist meines Herrn des Kaisers
Und Eures und mein Lehen[2] – da versetzt er:
„Ich bin Regent im Land an Kaisers statt[3]
Und ich will nicht, dass der Bauer Häuser baue
Auf seine eigne Hand und also frei
Hinleb, als ob er Herr wär in dem Lande,
Ich werd mich unterstehn Euch das zu wehren[4]."
Dies sagend ritt er trutziglich[5] von dannen,
Ich aber blieb mit kummervoller Seele,
Das Wort bedenkend, das der Böse sprach.

GERTRUD. Mein lieber Herr und Ehewirt[6]! Magst du
Ein redlich Wort von deinem Weib vernehmen?
Des edlen Ibergs Tochter rühm ich mich,
Des viel erfahrnen Manns. Wir Schwestern saßen,
Die Wolle spinnend, in den langen Nächten,
Wenn bei dem Vater sich des Volkes Häupter
Versammelten, die Pergamente[7] lasen
Der alten Kaiser und des Landes Wohl
Bedachten in vernünftigem Gespräch.
Aufmerkend hört ich da manch kluges Wort,
Was der Verständge denkt, der Gute wünscht,
Und still im Herzen hab ich mirs bewahrt.

1 *wundernd:* verwundert, erstaunt
2 *Lehen:* vom Kaiser oder König verliehener Besitz, für den Gegenleistungen erbracht werden müssen
3 *Kaisers statt:* an Stelle des Kaisers
4 *Ich werd […] zu wehren:* Ich werde alles versuchen Euch das zu verwehren.
5 *trutziglich:* trotzig, stolz
6 *Ehewirt:* Ehemann
7 *Pergamente:* Urkunden (auf Pergament geschrieben); hier: die Freiheitsbriefe

So höre denn und acht auf meine Rede,
Denn was dich presste[1], sieh, das wusst ich längst.
– Dir grollt der Landvogt, möchte gern dir schaden,
Denn du bist ihm ein Hindernis, dass sich
Der Schwyzer nicht dem neuen Fürstenhaus
Will unterwerfen, sondern treu und fest
Beim Reich beharren, wie die würdigen
Altvordern[2] es gehalten und getan. –
Ists nicht so, Werner? Sag es, wenn ich lüge!

STAUFFACHER. So ists, das ist des Geßlers Groll auf mich.

GERTRUD. Er ist dir neidisch, weil du glücklich wohnst,
Ein freier Mann auf deinem eignen Erb,
– Denn er hat keins. Vom Kaiser selbst und Reich
Trägst du dies Haus zu Lehn, du darfst es zeigen,
So gut der Reichsfürst seine Länder zeigt,
Denn über dir erkennst du keinen Herrn
Als nur den höchsten in der Christenheit[3] –
Er ist ein jüngrer Sohn nur seines Hauses,
Nichts nennt er sein als seinen Rittermantel,
Drum sieht er jedes Biedermannes Glück
Mit scheelen Augen giftger Missgunst an,
Dir hat er längst den Untergang geschworen –
Noch stehst du unversehrt – Willst du erwarten,
Bis er die böse Lust an dir gebüßt?
Der kluge Mann baut vor.

STAUFFACHER. Was ist zu tun!

GERTRUD *(tritt näher)*. So höre meinen Rat! Du weißt, wie hier
Zu Schwyz sich alle Redlichen[4] beklagen
Ob dieses Landvogts Geiz und Wüterei.
So zweifle nicht, dass sie dort drüben auch
In Unterwalden und im Urner Land
Des Dranges[5] müd sind und des harten Jochs[6] –
Denn wie der Geßler hier, so schafft es frech
Der Landenberger drüben überm See –
Es kommt kein Fischerkahn zu uns herüber,
Der nicht ein neues Unheil und Gewalt-
Beginnen von den Vögten uns verkündet.
Drum tät es gut, dass eurer etliche,
Die's redlich meinen, still zu Rate gingen,

1 *presste:* bedrückte
2 *Altvordern:* Vorfahren
3 *den Höchsten in der Christenheit:* der Kaiser des Heiligen Römischen Reiches Deutscher Nation
4 *Redlichen:* ehrlichen Menschen
5 *Drang:* Bedrängnis
6 *Joch:* Last, Unterdrückung

Wie man des Drucks sich möcht erledigen[1],
So acht ich wohl, Gott würd euch nicht verlassen
Und der gerechten Sache gnädig sein –
Hast Du in Uri keinen Gastfreund, sprich,
Dem du dein Herz magst redlich offenbaren?

STAUFFACHER. Der wackern Männer kenn ich viele dort
Und angesehen große Herrenleute,
Die mir geheim[2] sind und gar wohl vertraut.
(Er steht auf.)
Frau, welchen Sturm gefährlicher Gedanken
Weckst du mir in der stillen Brust! Mein Innerstes
Kehrst du ans Licht des Tages mir entgegen
Und was ich mir zu denken still verbot,
Du sprichsts mit leichter Zunge kecklich[3] aus.
– Hast du auch wohl bedacht, was du mir rätst?
Die wilde Zwietracht und den Klang der Waffen
Rufst du in dieses friedgewohnte Tal –
Wir wagten es, ein schwaches Volk der Hirten,
In Kampf zu gehen mit dem Herrn der Welt?
Der gute Schein nur ists, worauf sie warten
Um loszulassen auf dies arme Land
Die wilden Horden ihrer Kriegsmacht,
Darin zu schalten mit des Siegers Rechten
Und unterm Schein gerechter Züchtigung
Die alten Freiheitsbriefe[4] zu vertilgen.

GERTRUD. Ihr seid *auch* Männer, wisset eure Axt[5]
Zu führen, und dem Mutigen hilft Gott!

STAUFFACHER. O Weib! Ein furchtbar wütend Schrecknis ist
Der Krieg, die Herde schlägt er und den Hirten.

GERTRUD. Ertragen muss man, was der Himmel sendet,
Unbilliges[6] erträgt kein edles Herz.

STAUFFACHER. Dies Haus erfreut dich, das wir neu erbauten.
Der Krieg, der ungeheure, brennt es nieder.

GERTRUD. Wüsst ich mein Herz an zeitlich Gut gefesselt,
Den Brand wärf ich hinein mit eigner Hand.

STAUFFACHER. Du glaubst an Menschlichkeit! Es schont der Krieg
Auch nicht das zarte Kindlein in der Wiege.

GERTRUD. Die Unschuld hat im Himmel einen Freund!
– Sieh vorwärts, Werner, und nicht hinter dich!

1 *erledigen:* entledigen, loswerden
2 *geheim:* vertraut
3 *kecklich:* rasch, mutig
4 *Freiheitsbriefe:* Urkunde über die verbrieften Freiheitsrechte
5 *Axt:* Streitaxt, Kriegsgerät
6 *Unbilliges:* Unrechtes, Ungerechtes

STAUFFACHER. Wir Männer können tapfer fechtend sterben,
Welch Schicksal aber wird das eure sein?
GERTRUD. Die letzte Wahl steht auch dem Schwächsten offen,
Ein Sprung von dieser Brücke macht mich frei.
STAUFFACHER *(stürzt in ihre Arme).*
Wer solch ein Herz an seinen Busen drückt,
Der kann für Herd und Hof mit Freuden fechten
Und keines Königs Heermacht fürchtet er –
Nach Uri fahr ich stehnden Fußes[1] gleich,
Dort lebt ein Gastfreund mir, Herr Walter Fürst,
Der über diese Zeiten denkt wie ich.
Auch find ich dort den edeln Bannerherrn[2]
Von Attinghaus – obgleich von hohem Stamm,
Liebt er das Volk und ehrt die alten Sitten.
Mit ihnen beiden pfleg ich Rats, wie man
Der Landesfeinde mutig sich erwehrt –
Leb wohl – und weil[3] ich fern bin, führe du
Mit klugem Sinn das Regiment des Hauses –
Dem Pilger, der zum Gotteshause wallt[4],
Dem frommen Mönch, der für sein Kloster sammelt,
Gib reichlich und entlass ihn wohl gepflegt.
Stauffachers Haus verbirgt sich nicht. Zu äußerst
Am offnen Herweg[5] steht, ein wirtlich[6] Dach
Für alle Wandrer, die des Weges fahren.
(Indem sie nach dem Hintergrunde abgehen, tritt Wilhelm Tell mit Baumgarten vorn auf die Szene.)
TELL *(zu Baumgarten).* Ihr habt jetzt meiner weiter nicht vonnöten[7],
Zu jenem Hause gehet ein, dort wohnt
Der Stauffacher, ein Vater der Bedrängten.
– Doch sieh, da ist er selber – Folgt mir, kommt!
(Gehen auf ihn zu, die Szene verwandelt sich.)

1 *stehnden Fußes:* sofort
2 *Bannerherr:* Adliger, der das Recht hat ein eigenes Banner zu führen
3 *weil:* hier: während
4 *wallt:* eine Wallfahrt unternimmt
5 *Herweg:* Heeresstraße
6 *wirtlich:* gastfreundlich
7 *vonnöten:* nötig

Dritte Szene

Öffentlicher Platz bei Altorf

Auf einer Anhöhe im Hintergrund sieht man eine Feste[1] bauen, welche schon so weit gediehen, dass sich die Form des Ganzen darstellt. Die hintere Seite ist fertig, an der vordern wird eben gebaut, das Gerüste steht noch, an welchem die Werkleute auf und nieder steigen, auf dem höchsten Dach hängt der Schieferdecker. – Alles ist in Bewegung und Arbeit.

Fronvogt[2]. Meister Steinmetz. Gesellen und Handlanger

FRONVOGT *(mit dem Stabe, treibt die Arbeiter).*
Nicht lang gefeiert, frisch! Die Mauersteine
Herbei, den Kalk, den Mörtel zugefahren!
Wenn der Herr Landvogt kommt, dass er das Werk
Gewachsen sieht – Das schlendert wie die Schnecken.
(Zu zwei Handlangern, welche tragen)
Heißt das geladen? Gleich das Doppelte!
Wie die Tagdiebe ihre Pflicht bestehlen!

1 *Feste:* Festung
2 *Fronvogt:* vom König eingesetzter Verwaltungsbeamter

I, 3 ERSTER GESELL. Das ist doch hart, dass wir die Steine selbst
Zu unserm Twing[1] und Kerker sollen fahren!
FRONVOGT. Was murret ihr? Das ist ein schlechtes Volk,
Zu nichts anstellig als das Vieh zu melken
Und faul herumzuschlendern auf den Bergen.
ALTER MANN *(ruht aus).* Ich kann nicht mehr.
FRONVOGT *(schüttelt ihn).* Frisch, Alter, an die Arbeit!
ERSTER GESELL. Habt Ihr denn gar kein Eingeweid, dass Ihr
Den Greis, der kaum sich selber schleppen kann,
Zum harten Frondienst treibt?
MEISTER STEINMETZ UND GESELLEN. 's ist himmelschreiend!
FRONVOGT. Sorgt ihr für euch, ich tu, was meines Amts.
ZWEITER GESELL. Fronvogt, wie wird die Feste denn sich nennen,
Die wir da baun?
FRONVOGT. *Zwing Uri* soll sie heißen,
Denn unter dieses Joch wird man euch beugen.
GESELLEN. Zwing Uri!
FRONVOGT. Nun, was gibts dabei zu lachen?
ZWEITER GESELL. Mit diesem Häuslein wollt ihr Uri zwingen?
ERSTER GESELL. Lass sehn, wie viel man solcher Maulwurfshaufen
Muss übernander setzen, bis ein Berg
Draus wird wie der geringste nur in Uri!
(Fronvogt geht nach dem Hintergrund.)
MEISTER STEINMETZ. Den Hammer werf ich in den tiefsten See,
Der mir gedient bei diesem Fluchgebäude!
(Tell und Stauffacher kommen.)
STAUFFACHER. O hätt ich nie gelebt um das zu schauen!
TELL. Hier ist nicht gut sein. Lasst uns weitergehn.
STAUFFACHER. Bin ich zu Uri, in der Freiheit Land?
MEISTER STEINMETZ. O Herr, wenn Ihr die Keller erst gesehn
Unter den Türmen! Ja, wer *die* bewohnt,
Der wird den Hahn nicht fürder[2] krähen hören!
STAUFFACHER. O Gott!
STEINMETZ. Seht diese Flanken, diese Strebepfeiler,
Die stehn wie für die Ewigkeit gebaut!
TELL. Was Hände bauten, können Hände stürzen.
(Nach den Bergen zeigend)
Das Haus der Freiheit hat uns Gott gegründet.
(Man hört eine Trommel, es kommen Leute, die einen Hut[3] auf einer Stange tragen, ein Ausrufer folgt ihnen, Weiber und Kinder dringen tumultuarisch[4] nach.)

1 *Twing:* Zwingburg. Durch sie wird fremde Gerichtsbarkeit ausgedrückt.
2 *fürder:* weiterhin
3 *Hut:* hier: Zeichen des Herzogs von Österreich
4 *tumultuarisch:* lärmend

ERSTER GESELL. Was will die Trommel? Gebet Acht!
MEISTER STEINMETZ. Was für
Ein Fassnachtsaufzug, und was soll der Hut?
AUSRUFER. In des Kaisers Namen! Höret!
GESELLEN. Still doch! Höret!
AUSRUFER. Ihr sehet diesen Hut, Männer von Uri!
Aufrichten wird man ihn auf hoher Säule,
Mitten in Altorf, an dem höchsten Ort,
Und dieses ist des Landvogts Will und Meinung:
Dem Hut soll gleiche Ehre wie ihm selbst geschehn,
Man soll ihn mit gebognem Knie und mit
Entblößtem Haupt verehren – Daran will
Der König die Gehorsamen erkennen.
Verfallen ist mit seinem Leib und Gut
Dem Könige, wer das Gebot verachtet.
(Das Volk lacht laut auf, die Trommel wird gerührt, sie gehen vorüber.)
ERSTER GESELL. Welch neues Unerhörtes hat der Vogt
Sich ausgesonnen! Wir 'nen *Hut* verehren!
Sagt! Hat man je vernommen von dergleichen?
MEISTER STEINMETZ. Wir unsre Kniee beugen einem Hut!
Treibt er sein Spiel mit ernsthaft würdgen Leuten?
ERSTER GESELL. Wärs noch die kaiserliche Kron! So ists
Der Hut von Österreich; ich sah ihn hangen
Über dem Thron, wo man die Lehen gibt!
MEISTER STEINMETZ. Der Hut von Österreich! Gebt Acht, es ist
Ein Fallstrick, uns an Östreich zu verraten!
GESELLEN. Kein Ehrenmann wird sich der Schmach[1] bequemen.
MEISTER STEINMETZ. Kommt, lasst uns mit den andern Abred nehmen[2].
(Sie gehen nach der Tiefe[3].)
TELL *(zum Stauffacher).* Ihr wisset nun Bescheid. Lebt wohl, Herr Werner!
STAUFFACHER. Wo wollt Ihr hin? O eilt nicht so von dannen.
TELL. Mein Haus entbehrt des Vaters[4]. Lebet wohl.
STAUFFACHER. Mir ist das Herz so voll mit Euch zu reden.
TELL. Das schwere Herz wird nicht durch Worte leicht.
STAUFFACHER. Doch könnten Worte uns zu Taten führen.
TELL. Die einzge Tat ist jetzt Geduld und Schweigen.
STAUFFACHER. Soll man ertragen, was unleidlich ist?
TELL. Die schnellen Herrscher sinds, die kurz regieren.
– Wenn sich der Föhn erhebt aus seinen Schlünden,
Löscht man die Feuer aus, die Schiffe suchen
Eilends den Hafen und der mächtge Geist

1 *sich der Schmach bequemen:* sich dazu hergeben
2 *mit den andern Abred nehmen:* mit den anderen besprechen
3 *Tiefe:* Bühnenhintergrund
4 *Mein Haus entbehrt des Vaters.:* Dem Haus (der Familie) fehlt der Vater.

Geht ohne Schaden, spurlos, über die Erde.
Ein jeder lebe still bei sich daheim,
Dem Friedlichen gewährt man gern den Frieden.

STAUFFACHER. Meint Ihr?

TELL. Die Schlange sticht nicht ungereizt.
Sie werden endlich doch von selbst ermüden,
Wenn sie die Lande ruhig bleiben sehn.

STAUFFACHER. Wir könnten viel, wenn wir zusammenstünden.

TELL. Beim Schiffbruch hilft der Einzelne sich leichter.

STAUFFACHER. So kalt verlasst Ihr die gemeine[1] Sache?

TELL. Ein jeder zählt nur sicher auf sich selbst.

STAUFFACHER. Verbunden werden auch die Schwachen mächtig.

TELL. Der Starke ist am mächtigsten *allein.*

STAUFFACHER. So kann das Vaterland auf Euch nicht zählen,
Wenn es verzweiflungsvoll zur Notwehr greift?

TELL *(gibt ihm die Hand).*
Der Tell holt ein verlornes Lamm vom Abgrund
Und sollte seinen Freunden sich entziehen?
Doch *was* ihr tut, lasst mich aus eurem *Rat*[2],
Ich kann nicht lange prüfen oder wählen,
Bedürft ihr meiner zu bestimmter *Tat,*
Dann ruft den Tell, es soll an mir nicht fehlen.
(Gehen ab zu verschiedenen Seiten. Ein plötzlicher Auflauf entsteht um das Gerüste.)

MEISTER STEINMETZ *(eilt hin).* Was gibts?

ERSTER GESELL *(kommt vor, rufend).*
Der Schieferdecker ist vom Dach gestürzt.

(Berta mit Gefolge)

BERTA *(stürzt herein).* Ist er zerschmettert? Rennet, rettet, helft –
Wenn Hülfe möglich, rettet, hier ist Gold –
(Wirft ihr Geschmeide unter das Volk)

MEISTER. Mit eurem Golde – Alles ist euch feil
Um Gold[3], wenn ihr den Vater von den Kindern
Gerissen und den Mann von seinem Weibe
Und Jammer habt gebracht über die Welt,
Denkt ihrs mit Golde zu vergüten – Geht!
Wir waren frohe Menschen, eh ihr kamt,
Mit euch ist die Verzweiflung eingezogen.

1 *gemein:* gemeinsam
2 *Rat:* Versammlung
3 *feil um Gold:* käuflich durch Gold

BERTA *(zu dem Fronvogt, der zurückkommt).*
Lebt er? *(Fronvogt gibt ein Zeichen des Gegenteils.)*
O unglückselges Schloss, mit Flüchen
Erbaut und Flüche werden dich bewohnen! *(Geht ab)*

Vierte Szene

Walter Fürsts Wohnung

Walter Fürst und Arnold von Melchthal treten zugleich ein, von verschiedenen Seiten.

MELCHTHAL. Herr Walter Fürst –
WALTER FÜRST. Wenn man uns überraschte!
Bleibt, wo Ihr seid. Wir sind umringt von Spähern.
MELCHTHAL. Bringt Ihr mir nichts von Unterwalden? Nichts
Von meinem Vater? Nicht ertrag ichs länger,
Als ein Gefangner müßig hier zu liegen.
Was hab ich denn so Sträfliches getan
Um mich gleich einem Mörder zu verbergen?
Dem frechen Buben, der die Ochsen mir,
Das trefflichste Gespann, vor meinen Augen
Weg wollte treiben auf des Vogts Geheiß,
Hab ich den Finger mit dem Stab gebrochen.
WALTER FÜRST. Ihr seid zu rasch. Der Bube war des Vogts,
Von Eurer Obrigkeit war er gesendet,
Ihr wart in Straf gefallen, musstet Euch,
Wie schwer sie war, der Buße schweigend fügen.
MELCHTHAL. Ertragen sollt ich die leichtfertge Rede
Des Unverschämten: „Wenn der Bauer Brot
Wollt essen, mög er selbst am Pfluge ziehn!"
In die Seele schnitt mirs, als der Bub die Ochsen,
Die schönen Tiere, von dem Pfluge spannte,
Dumpf brüllten sie, als hätten sie Gefühl
Der Ungebühr, und stießen mit den Hörnern,
Da übernahm[1] mich der gerechte Zorn,
Und meiner selbst nicht Herr schlug ich den Boten.
WALTER FÜRST. O kaum bezwingen wir das eigne Herz,
Wie soll die rasche Jugend sich bezähmen!
MELCHTHAL. Mich jammert[2] nur der Vater – Er bedarf
So sehr der Pflege und sein Sohn ist fern.

1 *übernahm mich:* übermannte mich
2 *mich jammert:* mir tut Leid

Der Vogt ist ihm gehässig, weil er stets
Für Recht und Freiheit redlich hat gestritten.
Drum werden sie den alten Mann bedrängen
Und niemand ist, der ihn vor Unglimpf[1] schütze.
– Werde mit mir was will, ich muss hinüber.

WALTER FÜRST. Erwartet nur und fasst euch in Geduld,
Bis Nachricht uns herüberkommt vom Walde.
– Ich höre klopfen, geht – Vielleicht ein Bote
Vom Landvogt – Geht hinein – Ihr seid in Uri
Nicht sicher vor des Landenbergers Arm,
Denn die Tyrannen reichen sich die Hände.

MELCHTHAL. Sie lehren uns, was *wir* tun sollten.

WALTER FÜRST. Geht!
Ich ruf Euch wieder, wenns hier sicher ist.
(Melchthal geht hinein.)
Der Unglückselige, ich darf ihm nicht
Gestehen, was mir Böses schwant – Wer klopft?
Sooft die Türe rauscht, erwart ich Unglück.
Verrat und Argwohn lauscht in allen Ecken,
Bis in das Innerste der Häuser dringen
Die Boten der Gewalt, bald tät es Not,
Wir hätten Schloss und Riegel an den Türen.
(Er öffnet und tritt erstaunt zurück, da Werner Stauffacher hereintritt.)
Was seh ich? Ihr, Herr Werner! Nun, bei Gott!
Ein werter, teurer Gast – Kein bessrer Mann
Ist über diese Schwelle noch gegangen.
Seid hoch willkommen unter meinem Dach!
Was führt Euch her? Was sucht Ihr hier in Uri?

STAUFFACHER *(ihm die Hand reichend)*.
Die alten Zeiten und die alte Schweiz.

WALTER FÜRST. Die bringt Ihr mit Euch – Sieh, mir wird so wohl,
Warm geht das Herz mir auf bei Eurem Anblick.
– Setzt Euch, Herr Werner – Wie verließet Ihr
Frau Gertrud, Eure angenehme Wirtin,
Des weisen Ibergs hochverständge Tochter?
Von allen Wandrern aus dem deutschen Land,
Die über Meinrads Zell nach Welschland[2] fahren,
Rühmt jeder Euer gastlich Haus – Doch sagt,
Kommt Ihr soeben frisch von Flüelen her
Und habt Euch nirgend sonst noch umgesehn,
Eh Ihr den Fuß gesetzt auf diese Schwelle?

1 *Unglimpf:* Verunglimpfung, Schmähung, Unheil
2 *Welschland:* Italien

STAUFFACHER *(setzt sich)*.
Wohl ein erstaunlich neues Werk hab ich
Bereiten sehen, das mich nicht erfreute.
WALTER FÜRST. O Freund, da habt Ihrs gleich mit *einem* Blicke!
STAUFFACHER. Ein solches ist in Uri nie gewesen –
Seit Menschendenken war kein Twinghof hier
Und fest war keine Wohnung als das Grab[1].
WALTER FÜRST. Ein Grab der Freiheit ists. Ihr nennts mit Namen.
STAUFFACHER. Herr Walter Fürst, ich will Euch nicht verhalten[2],
Nicht eine müßge Neugier führt mich her,
Mich drücken schwere Sorgen – Drangsal hab ich
Zu Haus verlassen, Drangsal find ich hier.
Denn ganz unleidlich ists, was wir erdulden,
Und dieses Dranges ist kein Ziel[3] zu sehn.
Frei war der Schweizer von uralters her,
Wir sinds gewohnt, dass man uns gut begegnet,
Ein solches war im Lande nie erlebt,
Solang ein Hirte trieb auf diesen Bergen.
WALTER FÜRST. Ja, es ist ohne Beispiel, wie sies treiben!
Auch unser edler Herr von Attinghausen,
Der noch die alten Zeiten hat gesehn,
Meint selber, es sei nicht mehr zu ertragen.
STAUFFACHER. Auch drüben unterm Wald geht Schweres vor,
Und blutig wirds gebüßt – Der Wolfenschießen,
Des Kaisers Vogt, der auf dem Rossberg hauste,
Gelüsten[4] trug er nach verbotner Frucht,
Baumgartens Weib, der haushält[5] zu Alzellen,
Wollt er zu frecher Ungebühr missbrauchen
Und mit der Axt hat ihn der Mann erschlagen.
WALTER FÜRST. O die Gerichte Gottes sind gerecht!
– Baumgarten, sagt Ihr? Ein bescheidner Mann!
Er ist gerettet doch und wohl geborgen?
STAUFFACHER. Euer Eidam[6] hat ihn übern See geflüchtet,
Bei mir zu Steinen halt ich ihn verborgen –
– Noch Gräulichers[7] hat mir derselbe Mann
Berichtet, was zu Sarnen ist geschehn.
Das Herz muss jedem Biedermanne bluten.
WALTER FÜRST *(aufmerksam)*. Sagt an, was ists?

1 *Und fest war keine Wohnung als das Grab.:* Nur das Grab war bisher unbezwingbar.
2 *verhalten:* aufhalten
3 *Ziel:* hier: Ende
4 *Gelüsten:* Begier
5 *haushält:* wohnt
6 *Eidam:* Schwiegersohn (Tell ist gemeint.)
7 *Gräulichers:* Grausameres, Schrecklicheres

Stauffacher. Im *Melchthal,* da, wo man
Eintritt bei *Kerns,* wohnt ein gerechter Mann,
Sie nennen ihn den Heinrich von der Halden
Und seine Stimm gilt was in der Gemeinde.
Walter Fürst. Wer kennt ihn nicht! Was ists mit ihm! Vollendet!
Stauffacher. Der Landenberger büßte[1] seinen Sohn
Um kleinen Fehlers willen, ließ die Ochsen,
Das beste Paar, ihm aus dem Pfluge spannen,
Da schlug der Knab den Knecht und wurde flüchtig.
Walter Fürst *(in höchster Spannung).*
Der Vater aber – sagt, wie stehts um den?
Stauffacher. Den Vater lässt der Landenberger fodern[2].
Zur Stelle schaffen soll er ihm den Sohn,
Und da der alte Mann mit Wahrheit schwört,
Er habe von dem Flüchtling keine Kunde,
Da lässt der Vogt die Folterknechte kommen –
Walter Fürst *(springt auf und will ihn auf die andre Seite führen).*
O still, nichts mehr!
Stauffacher *(mit steigendem Ton).* „Ist mir der Sohn entgangen,
So hab ich *dich*!" – Lässt ihn zu Boden werfen,
Den spitzgen Stahl ihm in die Augen bohren –
Walter Fürst. Barmherzger Himmel!
Melchthal *(stürzt heraus).* In die Augen, sagt Ihr?
Stauffacher *(erstaunt zu Walter Fürst).*
Wer ist der Jüngling?
Melchthal *(fasst ihn mit krampfhafter Heftigkeit).*
In die Augen? Redet!
Walter Fürst. O der Bejammernswürdige!
Stauffacher. Wer ists?
(Da Walter Fürst ihm ein Zeichen gibt)
Der Sohn ists? Allgerechter Gott!
Melchthal. Und ich
Muss ferne sein! – In seine beiden Augen?
Walter Fürst. Bezwinget Euch, ertragt es wie ein Mann!
Melchthal. Um *meiner* Schuld, um *meines* Frevels willen!
– Blind also! Wirklich *blind* und *ganz* geblendet?
Stauffacher. Ich sagts. Der Quell des Sehns ist ausgeflossen,
Das Licht der Sonne schaut er niemals wieder.
Walter Fürst. Schont seines Schmerzens!

1 *büßte:* strafte
2 *lässt fodern:* fordert auf

MELCHTHAL. Niemals! Niemals wieder!
(Er drückt die Hand vor die Augen und schweigt einige Momente, dann wendet er sich von dem einen zu dem andern und spricht mit sanfter, von Tränen erstickter Stimme.)
O, eine edle Himmelsgabe ist
Das Licht des Auges – Alle Wesen leben
Vom Lichte, jedes glückliche Geschöpf –
Die Pflanze selbst kehrt freudig sich zum Lichte.
Und *er* muss sitzen, fühlend, in der Nacht,
Im ewig Finstern – ihn erquickt nicht mehr
Der Matten warmes Grün, der Blumen Schmelz,
Die roten Firnen[1] kann er nicht mehr schauen –
Sterben ist nichts – doch *leben* und nicht *sehen,*
Das ist ein Unglück – Warum seht ihr mich
So jammernd an? Ich hab zwei frische Augen
Und kann dem blinden Vater keines geben,
Nicht einen Schimmer von dem Meer des Lichts,
Das glanzvoll, blendend, mir ins Auge dringt.
STAUFFACHER. Ach, ich muss Euren Jammer noch vergrößern
Statt ihn zu heilen – Er bedarf noch mehr!
Denn alles hat der Landvogt ihm geraubt,
Nichts hat er ihm gelassen als den Stab
Um nackt und blind von Tür zu Tür zu wandern.
MELCHTHAL. Nichts als den Stab dem augenlosen Greis!
Alles geraubt und auch das Licht der Sonne,
Des Ärmsten allgemeines Gut – Jetzt rede
Mir keiner mehr von Bleiben, von Verbergen!
Was für ein feiger Elender bin ich,
Dass ich auf *meine* Sicherheit gedacht
Und nicht auf deine – dein geliebtes Haupt
Als Pfand gelassen in des Wütrichs Händen!
Feigherzge Vorsicht, fahre hin – Auf nichts
Als blutige Vergeltung will ich denken –
Hinüber will ich – Keiner soll mich halten –
Des Vaters Auge von dem Landvogt fordern –
Aus allen seinen Reisigen heraus
Will ich ihn finden – Nichts liegt mir am Leben,
Wenn ich den heißen, ungeheuren Schmerz
In seinem Lebensblute kühle. *(Er will gehen.)*
WALTER FÜRST. Bleibt!
Was könnt Ihr gegen ihn? Er sitzt zu Sarnen
Auf seiner hohen Herrenburg und spottet
Ohnmächtgen Zorns in seiner sichern Feste.

1 *die roten Firnen:* eisbedeckte Berggipfel, die in der Abendsonne rot leuchten

MELCHTHAL. Und wohnt' er droben auf dem Eispalast
Des *Schreckhorns* oder höher, wo die *Jungfrau*
Seit Ewigkeit verschleiert sitzt – Ich mache
Mir Bahn[1] zu ihm, mit zwanzig Jünglingen,
Gesinnt wie ich zerbrech ich seine Feste.
Und wenn mir niemand folgt und wenn ihr alle
Für eure Hütten bang und eure Herden
Euch dem Tyrannenjoche beugt – die Hirten
Will ich zusammenrufen im Gebirg,
Dort unterm freien Himmelsdache, wo
Der Sinn noch frisch ist und das Herz gesund,
Das ungeheuer Grässliche erzählen.

STAUFFACHER *(zu Walter Fürst).*
Es ist auf seinem Gipfel – Wollen wir
Erwarten, bis das Äußerste –

MELCHTHAL. Welch Äußerstes
Ist noch zu fürchten, wenn der Stern des Auges
In seiner Höhle nicht mehr sicher ist?
– Sind wir denn wehrlos? Wozu lernten wir
Die Armbrust spannen und die schwere Wucht
Der Streitaxt schwingen? Jedem Wesen ward
Ein Notgewehr[2] in der Verzweiflungsangst,
Es stellt sich der erschöpfte Hirsch und zeigt
Der Meute sein gefürchtetes Geweih,
Die Gemse reißt den Jäger in den Abgrund –
Der Pflugstier selbst, der sanfte Hausgenoss
Des Menschen, der die ungeheure Kraft
Des Halses duldsam unters Joch[3] gebogen,
Springt auf, gereizt, wetzt sein gewaltig Horn
Und schleudert seinen Feind den Wolken zu.

WALTER FÜRST. Wenn die drei Lande dächten wie wir drei,
So möchten wir vielleicht etwas vermögen.

STAUFFACHER. Wenn Uri ruft, wenn Unterwalden hilft,
Der Schwyzer wird die alten Bünde ehren.

MELCHTHAL. Groß ist in Unterwalden meine Freundschaft
Und jeder wagt mit Freuden Leib und Blut,
Wenn er am andern einen Rücken[4] hat
Und Schirm[5] – O fromme Väter dieses Landes!
Ich stehe nur ein Jüngling zwischen euch,
Den Vielerfahrnen – meine Stimme muss

1 *Ich mache mir Bahn:* Ich verschaffe mir Zugang
2 *Notgewehr:* Waffe
3 *Joch:* Geschirr zum Anspannen der Zugochsen
4 *Rücken:* Rückhalt
5 *Schirm:* Schutz

Bescheiden schweigen in der Landsgemeinde.
Nicht weil ich jung bin und nicht viel erlebte,
Verachtet meinen Rat und meine Rede,
Nicht lüstern[1] jugendliches Blut, mich treibt
Des höchsten Jammers schmerzliche Gewalt,
Was auch den Stein des Felsen muss erbarmen.
Ihr selbst seid Väter, Häupter eines Hauses,
Und wünscht euch einen tugendhaften Sohn,
Der eures Hauptes heilge Locken ehre
Und euch den Stern des Auges fromm bewache.
O weil ihr selbst an eurem Leib und Gut
Noch nichts erlitten, eure Augen sich
Noch frisch und hell in ihren Kreisen regen,
So sei euch darum unsre Not nicht fremd.
Auch über euch hängt das Tyrannenschwert,
Ihr habt das Land von Östreich abgewendet[2],
Kein anderes war meines Vaters Unrecht,
Ihr seid in gleicher Mitschuld und Verdammnis.

STAUFFACHER *(zu Walter Fürst).*
Beschließet *Ihr*! Ich bin bereit zu folgen.

WALTER FÜRST. Wir wollen hören, was die edeln Herrn
Von Sillinen, von Attinghausen raten –
Ihr Name, denk ich, wird uns Freunde werben.

MELCHTHAL. Wo ist ein Name in dem Waldgebirg
Ehrwürdiger als Eurer und der Eure?
An solcher Namen echte Währung[3] glaubt
Das Volk, sie haben guten Klang im Lande.
Ihr habt ein reiches Erb von Vätertugend
Und habt es selber reich vermehrt – Was brauchts
Des Edelmanns? Lassts uns allein vollenden.
Wären wir doch allein im Land! Ich meine,
Wir wollten uns schon selbst zu schirmen wissen.

STAUFFACHER. Die Edeln drängt nicht gleiche Not mit uns,
Der Strom, der in den Niederungen wütet,
Bis jetzt hat er die Höhn noch nicht erreicht –
Doch ihre Hülfe wird uns nicht entstehn,
Wenn sie das Land in Waffen erst erblicken.

WALTER FÜRST. Wäre ein Obmann[4] zwischen uns und Östreich,
So möchte Recht entscheiden und Gesetz,
Doch der uns unterdrückt, ist unser Kaiser
Und höchster Richter – so muss *Gott uns helfen*

1 *lüstern:* begierig
2 *abgewendet:* fern gehalten
3 *Währung:* Wert, Wertschätzung
4 *Obmann:* Schiedsrichter, Vermittler

Durch unsern Arm – Erforschet[1] *Ihr* die Männer
Von Schwyz, *ich* will in Uri Freunde werben.
Wen aber senden wir nach Unterwalden –
MELCHTHAL. Mich sendet hin – wem läg es näher an –
WALTER FÜRST. Ich gebs nicht zu, Ihr seid mein Gast, ich muss
Für Eure Sicherheit gewähren!
MELCHTHAL. Lasst mich!
Die Schliche[2] kenn ich und die Felsensteige,
Auch Freunde find ich gnug, die mich dem Feind
Verhehlen[3] und ein Obdach gern gewähren.
STAUFFACHER. Lasst ihn mit Gott hinübergehn. Dort drüben
Ist kein Verräter – so verabscheut ist
Die Tyrannei, dass sie kein Werkzeug findet.
Auch der Alzeller soll uns nid dem Wald[4]
Genossen werben und das Land erregen.
MELCHTHAL. Wie bringen wir uns sichre Kunde zu,
Dass wir den Argwohn der Tyrannen täuschen?
STAUFFACHER. Wir könnten uns zu *Brunnen* oder *Treib*
Versammeln, wo die Kaufmannsschiffe landen.
WALTER FÜRST. So offen dürfen wir das Werk nicht treiben.
– Hört meine Meinung. Links am See, wenn man
Nach Brunnen fährt, dem Mythenstein grad über,
Liegt eine Matte heimlich im Gehölz,
Das *Rütli* heißt sie bei dem Volk der Hirten,
Weil dort die Waldung ausgereutet[5] ward.
Dort ists, wo unsre Landmark und die Eure *(zu Melchthal)*
Zusammengrenzen und in kurzer Fahrt *(zu Stauffacher)*
Trägt Euch der leichte Kahn von Schwyz herüber.
Auf öden[6] Pfaden können wir dahin
Bei Nachtzeit wandern und uns still beraten.
Dahin mag jeder zehn vertraute Männer
Mitbringen, die herzeinig sind mit uns,
So können wir gemeinsam das Gemeine[7]
Besprechen und mit Gott es frisch beschließen.
STAUFFACHER. So seis. Jetzt reicht mir Eure biedre[8] Rechte,
Reicht Ihr die Eure her und so, wie wir
Drei Männer jetzo, unter uns, die Hände
Zusammenflechten, redlich, ohne Falsch,

1 *erforschet:* befragt
2 *Schliche:* Schleichpfade
3 *verhehlen:* verbergen
4 *nid dem Wald:* Nidwalden (Ortsbezeichnung), Teil von Unterwalden
5 *ausgereutet:* gerodet
6 *öden:* einsamen
7 *Gemeine:* gemeinsames Anliegen
8 *biedre:* vertrauenswürdige

So wollen wir *drei Länder* auch, zu Schutz
Und Trutz, zusammenstehn auf Tod und Leben.

WALTER FÜRST UND MELCHTHAL. Auf Tod und Leben! *(Sie halten die Hände noch einige Pausen lang zusammengeflochten und schweigen.)*

MELCHTHAL. Blinder, alter Vater!
Du kannst den Tag der Freiheit nicht mehr *schauen,*
Du sollst ihn *hören* – Wenn von Alp zu Alp
Die Feuerzeichen flammend sich erheben,
Die festen Schlösser der Tyrannen fallen,
In deine Hütte soll der Schweizer wallen[1],
Zu deinem Ohr die Freudenkunde tragen
Und hell in deiner Nacht soll es dir tagen[2].
(Sie gehen auseinander.)

1 *wallen:* wallfahren
2 *tagen:* Tag werden

ZWEITER AUFZUG

Erste Szene

Edelhof des Freiherrn von Attinghausen

Ein gotischer Saal mit Wappenschildern und Helmen verziert. Der Freiherr, ein Greis von fünfundachtzig Jahren, von hoher edler Statur, an einem Stabe, worauf ein Gemsenhorn, und in ein Pelzwams gekleidet. Kuoni und noch sechs Knechte stehen um ihn her mit Rechen und Sensen. – Ulrich von Rudenz tritt ein in Ritterkleidung.

RUDENZ. Hier bin ich, Oheim[1] – Was ist Euer Wille?
ATTINGHAUSEN. Erlaubt, dass ich nach altem Hausgebrauch
Den Frühtrunk erst mit meinen Knechten teile.
(Er trinkt aus einem Becher, der dann in der Reihe herumgeht.)
Sonst war ich selber mit in Feld und Wald,
Mit meinem Auge ihren Fleiß regierend,
Wie sie mein Banner führte in der Schlacht,
Jetzt kann ich nichts mehr als den Schaffner[2] machen,
Und kommt die warme Sonne nicht zu mir,
Ich kann sie nicht mehr suchen auf den Bergen.
Und so in enger stets und engerm Kreis,
Beweg ich mich dem engesten und letzten,
Wo alles Leben stillsteht, langsam zu,
Mein Schatte bin ich nur, bald nur mein Name.
KUONI *(zu Rudenz mit dem Becher).*
Ich brings Euch, Junker[3].
(Da Rudenz zaudert den Becher zu nehmen)
Trinket frisch! Es geht
Aus *einem* Becher und aus *einem* Herzen.
ATTINGHAUSEN. Geht, Kinder, und wenns Feierabend ist,
Dann reden wir auch von des Lands Geschäften.
(Knechte gehen ab.)
(Attinghausen und Rudenz)
ATTINGHAUSEN. Ich sehe dich gegürtet und gerüstet,
Du willst nach Altorf in die Herrenburg?
RUDENZ. Ja, Oheim, und ich darf nicht länger säumen[4] –

1 *Oheim:* hier: Onkel
2 *Schaffner:* Verwalter, Aufseher
3 *Junker:* adliger Gutsherr
4 *säumen:* warten

ATTINGHAUSEN *(setzt sich).*
Hast dus so eilig? Wie? Ist deiner Jugend
Die Zeit so karg gemessen, dass du sie
An deinem alten Oheim musst ersparen?
RUDENZ. Ich sehe, dass Ihr meiner nicht bedürft,
Ich bin ein Fremdling nur in diesem Hause.
ATTINGHAUSEN *(hat ihn lange mit den Augen gemustert).*
Ja leider bist dus. Leider ist die Heimat
Zur Fremde dir geworden! – Uly! Uly!
Ich kenne dich nicht mehr. In Seide prangst du,
Die Pfauenfeder[1] trägst du stolz zur Schau
Und schlägst den Purpurmantel[1] um die Schultern,
Den Landmann[2] blickst du mit Verachtung an
Und schämst dich seiner traulichen Begrüßung.
RUDENZ. Die Ehr, die ihm gebührt, geb ich ihm gern,
Das Recht, das er sich nimmt, verweigr ich ihm.
ATTINGHAUSEN. Das ganze Land liegt unterm schweren Zorn
Des Königs – Jedes Biedermannes Herz
Ist kummervoll ob der tyrannischen Gewalt,
Die wir erdulden – Dich allein rührt nicht
Der allgemeine Schmerz – Dich siehet man
Abtrünnig von den Deinen auf der Seite
Des Landesfeindes stehen, unsrer Not
Hohn sprechend nach der leichten Freude jagen
Und buhlen[3] um die Fürstengunst, indes
Dein Vaterland von schwerer Geißel[4] blutet.
RUDENZ. Das Land ist schwer bedrängt – Warum, mein Oheim?
Wer ists, der es gestürzt in diese Not?
Es kostete ein einzig leichtes Wort
Um augenblicks des Dranges los zu sein[5]
Und einen gnädgen Kaiser zu gewinnen.
Weh ihnen, die dem Volk die Augen halten[6],
Dass es dem wahren Besten widerstrebt.
Um eignen Vorteils willen hindern sie,
Dass die Waldstätte[7] nicht zu Östreich schwören,
Wie ringsum alle Lande doch getan.
Wohl tut es ihnen, auf der Herrenbank
Zu sitzen mit dem Edelmann – den *Kaiser*

1 *Pfauenfeder, Purpurmantel:* Zeichen der österreichischen Ritter
2 *Landmann:* Bauer
3 *buhlen:* werben
4 *Geißel:* Peitsche; Not
5 *Um augenblicks des Dranges los zu sein:* Um augenblicklich die Bedrängnis los zu sein
6 *die Augen halten:* die Augen (ver)schließen
7 *Waldstätte:* die Kantone Uri, Schwyz und Unterwalden. Die Bewohner werden auch „Waldleute" genannt.

Will man zum Herrn um *keinen* Herrn zu haben.
ATTINGHAUSEN. Muss ich *das* hören und aus deinem Munde!
RUDENZ. Ihr habt mich aufgefordert, lasst mich enden.
– Welche Person[1] ists, Oheim, die Ihr selbst
Hier spielt? Habt Ihr nicht höhern Stolz als hier
Landammann[2] oder Bannerherr zu sein
Und neben diesen Hirten zu regieren?
Wie? Ists nicht eine rühmlichere Wahl,
Zu huldigen dem königlichen Herrn,
Sich an sein glänzend Lager anzuschließen
Als Eurer eigenen Knechte Pair[3] zu sein
Und zu Gericht zu sitzen mit dem Bauer?
ATTINGHAUSEN. Ach Uly! Uly! Ich erkenne sie,
Die Stimme der Verführung! Sie ergriff
Dein offnes Ohr, sie hat dein Herz vergiftet.
RUDENZ. Ja, ich verberg es nicht – in tiefer Seele
Schmerzt mich der Spott der Fremdlinge, die uns
Den *Bauernadel* schelten – Nicht ertrag ichs,
Indes die edle Jugend ringsumher
Sich Ehre sammelt unter Habsburgs[4] Fahnen,
Auf meinem Erb hier müßig stillzuliegen
Und bei gemeinem Tagewerk[5] den Lenz
Des Lebens[6] zu verlieren – Anderswo
Geschehen Taten, eine Welt des Ruhms
Bewegt sich glänzend jenseits dieser Berge –
Mir rosten in der Halle Helm und Schild,
Der Kriegstrommete[7] mutiges Getön,
Der Heroldsruf[8], der zum Turniere[9] ladet,
Er dringt in diese Täler nicht herein,
Nichts als den *Kuhreihn* und der Herdeglocken
Einförmiges Geläut vernehm ich hier.
ATTINGHAUSEN. Verblendeter, vom eiteln Glanz verführt!
Verachte dein Geburtsland! Schäme dich
Der uralt frommen Sitte deiner Väter!
Mit heißen Tränen wirst du dich dereinst
Heimsehnen nach den väterlichen Bergen

1 *Person:* hier: Rolle
2 *Landamman:* Landes-Amtmann: der jährlich vom Volk gewählte höchste Beamte eines Kantons
3 *Pair:* Gleichgestellter, Standesgenosse
4 *Habsburg:* österreichisches Herrschergeschlecht; nach der Burg Habsburg benannt
5 *bei gemeinem Tagewerke:* bei gewöhnlicher täglicher Arbeit
6 *Lenz des Lebens:* die (besten) Lebensjahre
7 *Kriegstrommete:* Kriegstrompete
8 *Herold:* Ausrufer
9 *Turniere:* ritterliches Kampfspiel

Und dieses Herdenreihens Melodie,
Die du in stolzem Überdruss verschmähst,
Mit Schmerzenssehnsucht wird sie dich ergreifen,
Wenn sie dir anklingt auf der fremden Erde.
O, mächtig ist der Trieb des Vaterlands!
Die fremde falsche Welt ist nicht für dich,
Dort an dem stolzen Kaiserhof bleibst du
Dir ewig fremd mit deinem treuen Herzen!
Die Welt, sie fordert andre Tugenden,
Als du in diesen Tälern dir erworben.
– Geh hin, verkaufe deine freie Seele,
Nimm Land zu Lehen, werd ein Fürstenknecht,
Da du ein Selbstherr[1] sein kannst und ein Fürst
Auf deinem eignen Erb und freien Boden.
Ach Uly! Uly! Bleibe bei den Deinen!
Geh nicht nach Altorf – O, verlass sie nicht,
Die heilge Sache deines Vaterlands!
– Ich bin der Letzte meines Stamms. Mein Name
Endet mit mir. Da hängen Helm und Schild,
Die werden sie mir in das Grab mitgeben.
Und ich muss denken bei dem letzten Hauch,
Dass du mein brechend Auge nur erwartest
Um hinzugehn vor diesen neuen Lehenhof[2]
Und meine edeln Güter, die ich frei
Von Gott empfing, von Östreich zu empfangen!

RUDENZ. Vergebens widerstreben wir dem König,
Die Welt gehört ihm, wollen wir allein
Uns eigensinnig steifen und verstocken
Die Länderkette ihm zu unterbrechen,
Die er gewaltig rings um uns gezogen?
Sein sind die Märkte, die Gerichte, *sein*
Die Kaufmannsstraßen und das Saumross[3] selbst,
Das auf dem Gotthard[4] ziehet, muss ihm zollen[5].
Von seinen Ländern wie mit einem Netz
Sind wir umgarnet rings und eingeschlossen.
– Wird uns das Reich beschützen? Kann es selbst
Sich schützen gegen Östreichs wachsende Gewalt?
Hilft Gott uns nicht, kein Kaiser kann uns helfen.
Was ist zu geben auf der Kaiser Wort,

1 *Da du ein Selbstherr sein kannst:* Obgleich Du dein eigener Herr sein kannst
2 *neuen Lehenhof:* Hoflager der Habsburger, wo die Lehen vergeben werden
3 *Saumross:* Lastenpferd
4 *Gotthard:* Passstraße über den Berg Sankt Gotthard
5 *zollen:* Zoll zahlen

II, 1 Wenn sie in Geld- und Kriegesnot die Städte,
Die untern Schirm des Adlers[1] sich geflüchtet,
Verpfänden dürfen und dem Reich veräußern?
– Nein, Oheim! Wohltat ists und weise Vorsicht,
In diesen schweren Zeiten der Parteiung
Sich anzuschließen an ein mächtig Haupt.
Die Kaiserkrone geht von Stamm zu Stamm,
Die hat für treue Dienste kein Gedächtnis,
Doch um den mächtgen Erbherrn wohl verdienen[2],
Heißt Saaten in die Zukunft streun.

ATTINGHAUSEN. Bist du so weise?
Willst heller sehn als deine edeln Väter,
Die um der Freiheit kostbarn Edelstein
Mit Gut und Blut und Heldenkraft gestritten?
– Schiff nach *Luzern*[3] hinunter, frage *dort*,
Wie Östreichs Herrschaft lastet auf den Ländern!
Sie werden kommen unsre Schaf und Rinder
Zu zählen, unsre Alpen abzumessen,
Den Hochflug und das Hochgewilde bannen[4]
In unsern freien Wäldern, ihren Schlagbaum[5]
An unsre Brücken, unsre Tore setzen,
Mit unsrer Armut ihre Länderkäufe,
Mit unserm Blute ihre Kriege zahlen –
– Nein, wenn wir unser Blut dransetzen sollen,
So seis *für uns* – wohlfeiler[6] kaufen wir
Die Freiheit als die Knechtschaft ein!

RUDENZ. Was können wir,
Ein Volk der Hirten, gegen Albrechts Heere!

ATTINGHAUSEN. Lern dieses Volk der Hirten kennen, Knabe!
Ich kenns, ich hab es angeführt in Schlachten,
Ich hab es fechten sehen bei Favenz[7].
Sie sollen kommen, uns ein Joch aufzwingen,
Das wir entschlossen sind *nicht* zu ertragen!
– O lerne fühlen, welches Stamms du bist!
Wirf nicht für eiteln Glanz und Flitterschein[8]
Die echte Perle deines Wertes hin –

1 *Schirm des Adlers:* Schutz des Reichsadlers, Schutz des Reiches
2 *wohl verdienen:* sich verdient machen, Verdienste erwerben
3 *Luzern:* Stadtname
4 *Den Hochflug und das Hochgewilde bannen:* Sich die Jagd auf das Großgeflügel (z.B. Auerwild) und das Hochwild (z.B. Hirsch und Reh) vorbehalten
5 *Schlagbaum:* Baumstamm, der die Grenze markiert
6 *wohlfeiler:* günstiger
7 *Favenz:* Schlacht bei Faenza 1241, in der Schweizer Soldaten für Kaiser Friedrich I. kämpften. Zum Dank erhielten die Schweizer die „Freiheitsbriefe".
8 *Flitterschein:* Flitter: billiger Schmuck

Das Haupt zu heißen eines *freien* Volks,
Das dir aus Liebe nur sich herzlich weiht,
Das treulich zu dir steht in Kampf und Tod –
Das sei dein Stolz, *des* Adels rühme dich –
Die angebornen Bande knüpfe fest,
Ans Vaterland, ans teure, schließ dich an,
Das halte fest mit deinem ganzen Herzen.
Hier sind die starken Wurzeln deiner Kraft,
Dort in der fremden Welt stehst du allein,
Ein schwankes Rohr, das jeder Sturm zerknickt.
O komm, du hast uns lang nicht mehr gesehn,
Versuchs mit uns nur *einen* Tag – nur heute
Geh nicht nach Altorf – Hörst du? Heute nicht,
Den *einen* Tag nur schenke dich den Deinen!
(Er fasst seine Hand.)

RUDENZ. Ich gab mein Wort – Lasst mich – Ich bin gebunden.

ATTINGHAUSEN *(lässt seine Hand los, mit Ernst).*
Du bist gebunden – Ja, Unglücklicher!
Du bists, doch nicht durch Wort und Schwur,
Gebunden bist du durch der Liebe Seile!
(Rudenz wendet sich weg.)
– Verbirg dich, wie du willst. Das Fräulein ists,
Berta von Bruneck, die zur Herrenburg
Dich zieht, dich fesselt an des Kaisers Dienst.
Das Ritterfräulein willst du dir erwerben
Mit deinem Abfall von dem Land – Betrüg dich nicht!
Dich anzulocken zeigt man dir die Braut,
Doch deiner Unschuld ist sie nicht beschieden[1].

RUDENZ. Genug hab ich gehört. Gehabt Euch wohl.
(Er geht ab.)

ATTINGHAUSEN. Wahnsinniger Jüngling, bleib! – Er geht dahin!
Ich kann ihn nicht erhalten, nicht erretten –
So ist der Wolfenschießen abgefallen
Von seinem Land – so werden andre folgen,
Der fremde Zauber reißt die Jugend fort,
Gewaltsam strebend über unsre Berge.
– O unglückselge Stunde, da das Fremde
In diese still beglückten Täler kam
Der Sitten fromme Unschuld zu zerstören!
Das Neue dringt herein mit Macht, das Alte,
Das Würdge scheidet, andre Zeiten kommen,
Es lebt ein anders denkendes Geschlecht!

1 *Doch deiner Unschuld ist sie nicht beschieden.:* Doch für deine Reinheit/Unverdorbenheit ist sie dir nicht zugedacht.

Was tu ich hier? Sie sind begraben alle,
Mit denen ich gewaltet[1] und gelebt.
Unter der Erde schon liegt *meine* Zeit;
Wohl dem, der mit der *neuen* nicht mehr braucht zu leben!
(Geht ab)

Zweite Szene

Eine Wiese von hohen Felsen und Wald umgeben

Auf den Felsen sind Steige[2] mit Geländern, auch Leitern, von denen man nachher die Landleute herabsteigen sieht. Im Hintergrunde zeigt sich der See, über welchem anfangs ein Mondregenbogen zu sehen ist. Den Prospekt[3] schließen hohe Berge, hinter welchen noch höhere Eisgebirge ragen. Es ist völlig Nacht auf der Szene, nur der See und die weißen Gletscher leuchten im Mondenlicht. Melchthal, Baumgarten, Winkelried, Meier von Sarnen, Burkhardt am Bühel, Arnold von Sewa, Klaus von der Flüe und noch vier andere Landleute, alle bewaffnet.

MELCHTHAL *(noch hinter der Szene).*
Der Bergweg öffnet sich, nur frisch mir nach,
Den Fels erkenn ich und das Kreuzlein drauf,
Wir sind am Ziel, hier ist das Rütli.
(Treten auf mit Windlichtern)
WINKELRIED. Horch!
SEWA. Ganz leer.
MEIER. 's ist noch kein Landmann da. Wir sind
Die Ersten auf dem Platz, wir Unterwaldner.
MELCHTHAL. Wie weit ists in der Nacht?
BAUMGARTEN. Der Feuerwächter
Vom Selisberg[4] hat eben zwei gerufen.
(Man hört in der Ferne läuten.)
MEIER. Still! Horch!
AM BÜHEL. Das Mettenglöcklein[5] in der Waldkapelle
Klingt hell herüber aus dem Schwyzerland.
VON DER FLÜE. Die Luft ist rein und trägt den Schall so weit.
MELCHTHAL. Gehn einige und zünden Reisholz an,
Dass es loh[6] brenne, wenn die Männer kommen.

1 *gewaltet:* sich einer Sache sorgend angenommen
2 *Steige:* schmale Wege
3 *Prospekt:* Bühnenhintergrund
4 *Selisberg:* Ortschaft
5 *Mettenglöcklein:* Glocke, die zur Messe läutet
6 *loh:* hell

(Zwei Landleute gehen.)

SEWA. 's ist eine schöne Mondennacht. Der See
Liegt ruhig da als wie ein ebner Spiegel.

AM BÜHEL. Sie haben eine leichte Fahrt.

WINKELRIED *(zeigt nach dem See).* Ha, seht!
Seht dorthin! Seht ihr nichts?

MEIER. Was denn? – Ja, wahrlich!
Ein Regenbogen mitten in der Nacht!

MELCHTHAL. Es ist das Licht des Mondes, das ihn bildet.

VON DER FLÜE. Das ist ein seltsam wunderbares Zeichen!
Es leben viele, die das nicht gesehn.

SEWA. Er ist doppelt, seht, ein blässerer steht drüber.

BAUMGARTEN. Ein Nachen fährt soeben drunter weg.

MELCHTHAL. Das ist der Stauffacher mit seinem Kahn,
Der Biedermann lässt sich nicht lang erwarten.
(Geht mit Baumgarten nach dem Ufer)

MEIER. Die Urner sind es, die am längsten säumen[1].

AM BÜHEL. Sie müssen weit umgehen durchs Gebirg,
Dass sie des Landvogts Kundschaft[2] hintergehen.
(Unterdessen haben die zwei Landleute in der Mitte des Platzes ein Feuer angezündet.)

MELCHTHAL *(am Ufer).*
Wer ist da? Gebt das Wort!

STAUFFACHER *(von unten).* Freunde des Landes.
(Alle gehen nach der Tiefe, den Kommenden entgegen. Aus dem Kahn steigen Stauffacher, Itel Reding, Hans auf der Mauer, Jörg im Hofe, Konrad Hunn, Ulrich der Schmied, Jost von Weiler und noch drei andre Landleute, gleichfalls bewaffnet.)

ALLE *(rufen).* Willkommen!
(Indem die übrigen in der Tiefe verweilen und sich begrüßen, kommt Melchthal mit Stauffacher vorwärts.)

MELCHTHAL. O Herr Stauffacher! Ich hab ihn
Gesehn, der mich nicht wiedersehen konnte!
Die Hand hab ich gelegt auf seine Augen
Und glühend Rachgefühl hab ich gesogen
Aus der erloschnen Sonne seines Blicks.

STAUFFACHER. Sprecht nicht von Rache. Nicht Geschehnes rächen,
Gedrohtem Übel wollen wir begegnen.
– Jetzt sagt, was Ihr im Unterwaldner Land
Geschafft und für gemeine Sach[3] geworben,
Wie die Landleute denken, wie Ihr selbst
Den Stricken des Verrats entgangen seid.

1 *säumen:* zögern, zu spät sein
2 *Kundschaft:* Kundschafter, Spion
3 *gemeine Sach:* gemeinsame Sache

MELCHTHAL. Durch der Surennen[1] furchtbares Gebirg,
Auf weit verbreitet öden Eisesfeldern,
Wo nur der heisre Lämmergeier krächzt,
Gelangt ich zu der Alpentrift[2], wo sich
Aus Uri und vom Engelberg die Hirten
Anrufend grüßen und gemeinsam weiden,
Den Durst mir stillend mit der Gletscher Milch,
Die in den Runsen[3] schäumend niederquillt.
In den einsamen Sennhütten kehrt ich ein,
Mein eigner Wirt und Gast, bis dass ich kam
Zu Wohnungen gesellig lebender Menschen.
– Erschollen war in diesen Tälern schon
Der Ruf des neuen Gräuels, der geschehn,
Und fromme Ehrfurcht schaffte mir mein Unglück
Vor jeder Pforte, wo ich wandernd klopfte.
Entrüstet fand ich diese graden Seelen
Ob dem gewaltsam neuen Regiment[4],
Denn so wie ihre Alpen fort und fort
Dieselben Kräuter nähren, ihre Brunnen
Gleichförmig fließen, Wolken selbst und Winde
Den gleichen Strich unwandelbar befolgen,
So hat die alte Sitte hier vom Ahn
Zum Enkel unverändert fortbestanden,
Nicht tragen sie verwegne Neuerung
Im altgewohnten gleichen Gang des Lebens.
– Die harten Hände reichten sie mir dar,
Von den Wänden langten sie die rostgen Schwerter
Und aus den Augen blitzte freudiges
Gefühl des Muts, als ich die Namen nannte,
Die im Gebirg dem Landmann heilig sind,
Den Eurigen und Walters Fürsts – Was euch
Recht würde dünken, schwuren sie zu tun,
Euch schwuren sie bis in den Tod zu folgen.
– So eilt ich sicher unterm heilgen Schirm
Des Gastrechts von Gehöfte zu Gehöfte –
Und als ich kam ins heimatliche Tal,
Wo mir die Vettern viel verbreitet wohnen –
Als ich den Vater fand, beraubt und blind,
Auf fremdem Stroh, von der Barmherzigkeit
Mildtätger Menschen lebend –
STAUFFACHER. Herr im Himmel!

1 *Surennen:* Name eines Alpenpasses
2 *Alpentrift:* Alpenpfad für die Kühe
3 *Runsen:* Rinnen
4 *Regiment:* Herrschaft

MELCHTHAL. Da weint ich nicht! Nicht in ohnmächtgen Tränen
Goss ich die Kraft des heißen Schmerzens aus,
In tiefer Brust wie einen teuren Schatz
Verschloss ich ihn und dachte nur auf Taten.
Ich kroch durch alle Krümmen[1] des Gebirgs,
Kein Tal war so versteckt, ich späht es aus,
Bis an der Gletscher eisbedeckten Fuß
Erwartet ich und fand bewohnte Hütten
Und überall, wohin mein Fuß mich trug,
Fand ich den gleichen Hass der Tyrannei[2],
Denn bis an diese letzte Grenze selbst
Belebter Schöpfung, wo der starre Boden
Aufhört zu geben, raubt der Vögte Geiz –
Die Herzen alle dieses biedern Volks
Erregt ich mit dem Stachel meiner Worte,
Und unser sind sie all mit Herz und Mund.
STAUFFACHER. Großes habt Ihr in kurzer Frist geleistet.
MELCHTHAL. Ich tat noch mehr. Die beiden Festen sinds,
Rossberg und *Sarnen,* die der Landmann fürchtet,
Denn hinter ihren Felsenwällen schirmt
Der Feind sich leicht und schädiget das Land.
Mit eignen Augen wollt ich es erkunden,
Ich war zu Sarnen und besah die Burg.
STAUFFACHER. Ihr wagtet Euch bis in des Tigers Höhle?
MELCHTHAL. Ich war verkleidet dort in Pilgerstracht,
Ich sah den Landvogt an der Tafel schwelgen[3] –
Urteilt, ob ich mein Herz bezwingen kann,
Ich sah den Feind und ich erschlug ihn nicht.
STAUFFACHER. Fürwahr, das Glück war Eurer Kühnheit hold.
(Unterdessen sind die andern Landleute vorwärts gekommen und nähern sich den beiden.)
Doch jetzo sagt mir, wer die Freunde sind
Und die gerechten Männer, die Euch folgten?
Macht mich bekannt mit ihnen, dass wir uns
Zutraulich nahen und die Herzen öffnen.
MEIER. Wer kennte *Euch* nicht, Herr, in den drei Landen?
Ich bin der Meir von Sarnen, dies hier ist
Mein Schwestersohn, der Struth von Winkelried.
STAUFFACHER. Ihr nennt mir keinen unbekannten Namen.
Ein Winkelried wars, der den Drachen schlug

1 *Krümmen:* Krümmungen
2 *Hass der Tyrannei:* Hass auf Gewaltherrschaft
3 *schwelgen:* im Überfluss leben

Im Sumpf bei Weiler und sein Leben ließ
In diesem Strauß[1].
WINKELRIED. Das war mein Ahn[2], Herr Werner.
MELCHTHAL *(zeigt auf zwei Landleute).*
Die wohnen hinterm Wald, sind Klosterleute
Vom Engelberg – Ihr werdet sie drum nicht
Verachten, weil sie *eigne* Leute[3] sind
Und nicht wie wir frei sitzen auf dem Erbe –
Sie lieben's Land, sind sonst auch wohl berufen[4].
STAUFFACHER *(zu den beiden).*
Gebt mir die Hand. Es preise sich, wer keinem
Mit seinem Leibe pflichtig ist auf Erden,
Doch Redlichkeit gedeiht in jedem Stande.
KONRAD HUNN. Das ist Herr Reding, unser Altlandammann[5].
MEIER. Ich kenn ihn wohl. Er ist mein Widerpart[6],
Der um ein altes Erbstück mit mir rechtet[7].
– Herr Reding, wir sind Feinde vor Gericht,
Hier sind wir einig. *(Schüttelt ihm die Hand)*
STAUFFACHER. Das ist brav gesprochen.
WINKELRIED. Hört ihr? Sie kommen. Hört das Horn von Uri!
(Rechts und links sieht man bewaffnete Männer mit Windlichtern die Felsen herabsteigen.)
AUF DER MAUER. Seht! Steigt nicht selbst der fromme Diener Gottes,
Der würdge Pfarrer mit herab? Nicht scheut er
Des Weges Mühen und das Graun der Nacht,
Ein treuer Hirte für das Volk zu sorgen.
BAUMGARTEN. Der Sigrist[8] folgt ihm und Herr Walter Fürst,
Doch nicht den Tell erblick ich in der Menge.
(Walter Fürst, Rösselmann, der Pfarrer, Petermann, der Sigrist, Kuoni, der Hirt, Werni, der Jäger, Ruodi, der Fischer und noch fünf andere Landleute, alle zusammen, dreiunddreißig an der Zahl, treten vorwärts und stellen sich um das Feuer.)
WALTER FÜRST. So müssen wir auf unserm eignen Erb
Und väterlichen Boden uns verstohlen[9]
Zusammenschleichen, wie die Mörder tun
Und bei der Nacht, die ihren schwarzen Mantel
Nur dem Verbrechen und der sonnenscheuen

1 *Strauß:* Streit, Kampf
2 *Ahn:* Vorfahre
3 *eigne Leute:* Leute, die besitzlos sind
4 *wohl berufen:* einen guten Ruf haben
5 *Altlandamman:* ehemaliger Landamman (vgl. S. 48, Anm. 2)
6 *Widerpart:* Gegenspieler, Gegner
7 *rechtet:* im Rechtsstreit liegt
8 *Sigrist:* Küster, Kirchendiener
9 *verstohlen:* heimlich

Verschwörung leihet, unser gutes Recht
Uns holen, das doch lauter ist und klar,
Gleichwie der glanzvoll offne Schoß des Tages.
MELCHTHAL. Lassts gut sein. Was die dunkle Nacht gesponnen,
Soll frei und fröhlich an das Licht der Sonnen.
RÖSSELMANN. Hört, was mir Gott ins Herz gibt, Eidgenossen!
Wir stehen hier statt einer Landsgemeinde
Und können gelten für ein ganzes Volk,
So lasst uns tagen nach den alten Bräuchen
Des Lands, wie wirs in ruhigen Zeiten pflegen,
Was ungesetzlich ist in der Versammlung,
Entschuldige die Not der Zeit. Doch Gott
Ist überall, wo man das Recht verwaltet,
Und unter seinem Himmel stehen wir.
STAUFFACHER. Wohl, lasst uns tagen nach der alten Sitte,
Ist es gleich Nacht[1], so leuchtet unser Recht.
MELCHTHAL. Ist gleich die Zahl nicht voll, das *Herz* ist hier
Des ganzen Volks, die *Besten* sind zugegen.
KONRAD HUNN. Sind auch die alten Bücher[2] nicht zur Hand,
Sie sind in unsre Herzen eingeschrieben.
RÖSSELMANN. Wohlan, so sei der Ring sogleich gebildet.
Man pflanze *auf* die Schwerter der Gewalt.
AUF DER MAUER. Der Landesammann nehme seinen Platz
Und seine Weibel[3] stehen ihm zur Seite!
SIGRIST. Es sind der Völker dreie. Welchem nun
Gebührts, das Haupt zu geben der Gemeinde?
MEIER. Um diese Ehr mag Schwyz mit Uri streiten,
Wir Unterwaldner stehen frei zurück.
MELCHTHAL. Wir stehn zurück, wir sind die Flehenden,
Die Hülfe heischen[4] von den mächtgen Freunden.
STAUFFACHER. So nehme Uri denn das Schwert, sein Banner
Zieht bei den Römerzügen uns voran.
WALTER FÜRST. Des Schwertes Ehre werde Schwyz zuteil,
Denn seines Stammes rühmen wir uns alle.
RÖSSELMANN. Den edeln Wettstreit lasst mich freundlich schlichten,
Schwyz soll im Rat, Uri im Felde führen.
WALTER FÜRST *(reicht dem Stauffacher die Schwerter)*. So nehmt!
STAUFFACHER. Nicht mir, dem Alter sei die Ehre.
IM HOFE. Die meisten Jahre zählt Ulrich der Schmied.
AUF DER MAUER. Der Mann ist wacker, doch nicht freien Stands,
Kein eigner Mann kann Richter sein in Schwyz.

1 *Ist es gleich Nacht:* Wenn es auch Nacht ist
2 *die alten Bücher:* die Landesgesetze
3 *Weibel:* Amts-, Gerichtsdiener
4 *heischen:* erbitten, erflehen

STAUFFACHER. Steht nicht Herr Reding hier, der Altlandammann?
Was suchen wir noch einen Würdigern?
WALTER FÜRST. Er sei der Ammann und des Tages Haupt[1]!
Wer dazu stimmt, erhebe seine Hände.
(Alle heben die rechte Hand auf.)
REDING *(tritt in die Mitte).*
Ich kann die Hand nicht auf die Bücher legen,
So schwör ich droben bei den ewgen Sternen,
Dass ich mich nimmer will vom Recht entfernen.
(Man richtet die zwei Schwerter vor ihm auf, der Ring bildet sich um ihn her, Schwyz hält die Mitte, rechts stellt sich Uri und links Unterwalden. Er steht auf sein Schlachtschwert gestützt.)
Was ists, das die drei Völker des Gebirgs
Hier an des Sees unwirtlichem Gestade
Zusammenführte in der Geisterstunde?
Was soll der Inhalt sein des neuen Bunds,
Den wir hier unterm Sternenhimmel stiften?
STAUFFACHER *(tritt in den Ring).*
Wir stiften keinen neuen Bund, es ist
Ein uralt Bündnis nur von Väter Zeit,
Das wir erneuern! Wisset, Eidgenossen!
Ob[2] uns der See, ob uns die Berge scheiden
Und jedes Volk sich für sich selbst regiert,
So sind wir *eines* Stammes doch und Bluts
Und *eine* Heimat ists, aus der wir zogen.
WINKELRIED. So ist es wahr, wies in den Liedern lautet,
Dass wir von fernher in das Land gewallt?
O, teilts uns mit, was Euch davon bekannt,
Dass sich der neue Bund am alten stärke.
STAUFFACHER. Hört, was die alten Hirten sich erzählen.
– Es war ein großes Volk, hinten im Lande
Nach Mitternacht, das litt von schwerer Teurung.
In dieser Not beschloss die Landsgemeinde,
Dass je der zehnte Bürger nach dem Los
Der Väter Land verlasse – das geschah!
Und zogen aus, wehklagend, Männer und Weiber,
Ein großer Heerzug, nach der Mittagsonne,
Mit dem Schwert sich schlagend durch das deutsche Land,
Bis an das Hochland dieser Waldgebirge.
Und eher nicht ermüdete der Zug,
Bis dass sie kamen in das wilde Tal,
Wo jetzt die Muotta zwischen Wiesen rinnt –

1 *des Tages Haupt:* Vorsitzender der Versammlung
2 *Ob:* Obwohl

Nicht Menschenspuren waren hier zu sehen,
Nur eine Hütte stand am Ufer einsam,
Da saß ein Mann und wartete der Fähre –
Doch heftig wogete der See und war
Nicht fahrbar[1]; da besahen sie das Land
Sich näher und gewahrten schöne Fülle
Des Holzes und entdeckten gute Brunnen
Und meinten sich im lieben Vaterland
Zu finden – Da beschlossen sie zu bleiben,
Erbaueten den alten Flecken *Schwyz*
Und hatten manchen sauren Tag den Wald
Mit weit verschlungnen Wurzeln auszuroden –
Drauf, als der Boden nicht mehr Gnügen tat
Der Zahl des Volks, da zogen sie hinüber
Zum schwarzen Berg, ja bis ans Weißland[2] hin,
Wo, hinter ewgem Eiseswall verborgen,
Ein andres Volk in andern Zungen spricht.
Den Flecken *Stanz* erbauten sie am Kernwald,
Den Flecken *Altorf* in dem Tal der Reuß –
Doch blieben sie des Ursprungs stets gedenk,
Aus all den fremden Stämmen, die seitdem
In Mitte ihres Lands sich angesiedelt,
Finden die Schwyzer Männer sich heraus,
Es gibt das Herz, das Blut sich zu erkennen.
(Reicht rechts und links die Hand hin)

AUF DER MAUER. Ja, wir sind eines Herzens, eines Bluts!

ALLE *(sich die Hände reichend).*
Wir sind *ein* Volk und einig wollen wir handeln.

STAUFFACHER. Die andern Völker tragen fremdes Joch,
Sie haben sich dem Sieger unterworfen.
Es leben selbst in unsern Landesmarken
Der Sassen[3] viel, die fremde Pflichten tragen
Und ihre Knechtschaft erbt auf ihre Kinder.
Doch *wir,* der alten Schweizer echter Stamm,
Wir haben stets die Freiheit uns bewahrt.
Nicht unter Fürsten bogen wir das Knie,
Freiwillig wählten wir den Schirm der Kaiser.

RÖSSELMANN. Frei wählten wir des Reiches Schutz und Schirm,
So stehts bemerkt in Kaiser Friedrichs Brief.

STAUFFACHER. Denn herrenlos ist auch der Freiste nicht.
Ein Oberhaupt muss sein, ein höchster Richter,

1 *fahrbar:* befahrbar
2 *Weißland:* Name eines Tales
3 *Sassen:* Dienstleute

Wo man das Recht mag schöpfen in dem Streit.
Drum haben unsre Väter für den Boden,
Den sie der alten Wildnis abgewonnen,
Die Ehr gegönnt dem Kaiser, der den Herrn
Sich nennt der deutschen und der welschen[1] Erde
Und wie die andern Freien seines Reichs
Sich ihm zu edelm Waffendienst gelobt,
Denn dieses ist der Freien einzge Pflicht,
Das Reich zu schirmen, das sie selbst beschirmt.

MELCHTHAL. Was drüber ist, ist Merkmal eines Knechts.

STAUFFACHER. Sie folgten, wenn der Heribann[2] erging,
Dem Reichspanier[3] und schlugen seine Schlachten.
Nach Welschland zogen sie gewappnet mit,
Die Römerkron ihm auf das Haupt zu setzen.
Daheim regierten sie sich fröhlich selbst
Nach altem Brauch und eigenem Gesetz,
Der höchste Blutbann[4] war allein des Kaisers.
Und dazu ward bestellt ein großer Graf,
Der hatte seinen Sitz nicht in dem Lande,
Wenn Blutschuld kam, so rief man ihn herein
Und unter offnem Himmel, schlicht und klar,
Sprach er das Recht und ohne Furcht der Menschen.
Wo sind hier Spuren, dass wir Knechte sind?
Ist einer, der es anders weiß, der rede!

IM HOFE. Nein, so verhält sich alles, wie Ihr sprecht,
Gewaltherrschaft ward nie bei uns geduldet.

STAUFFACHER. Dem Kaiser selbst versagten wir Gehorsam,
Da er das Recht zu Gunst der Pfaffen[5] bog.
Denn als die Leute von dem Gotteshaus
Einsiedeln uns die Alp in Anspruch nahmen,
Die wir beweidet seit der Väter Zeit,
Der Abt herfürzog[6] einen alten Brief,
Der ihm die herrenlose Wüste schenkte –
Denn unser Dasein hatte man verhehlt –
Da sprachen wir: „Erschlichen ist der Brief,
Kein Kaiser kann, was unser ist, verschenken.
Und wird uns Recht versagt vom Reich, wir können
In unsern Bergen auch des Reichs entbehren."
– So sprachen unsre Väter! Sollen *wir*

1 *welsch:* italienisch
2 *Heribann:* Aufgebot zum Kriegsdienst
3 *Reichspanier:* Reichsfahne, Kriegsfahne
4 *Blutbann:* Gericht über Leben und Tod
5 *Pfaffen:* Geistliche
6 *herfürzog:* hervorzog

Des neuen Joches Schändlichkeit erdulden,
Erleiden von dem fremden Knecht, was uns
In seiner Macht kein Kaiser durfte bieten?
– Wir haben diesen Boden uns *erschaffen*
Durch unsrer Hände Fleiß, den alten Wald,
Der sonst der Bären wilde Wohnung war,
Zu einem Sitz für Menschen umgewandelt,
Die Brut des Drachen haben wir getötet,
Der aus den Sümpfen giftgeschwollen stieg,
Die Nebeldecke haben wir zerrissen,
Die ewig grau um diese Wildnis hing,
Den harten Fels gesprengt, über den Abgrund
Dem Wandersmann den sichern Steg geleitet,
Unser ist durch tausendjährigen Besitz
Der Boden – und der fremde Herrenknecht
Soll kommen dürfen und uns Ketten schmieden
Und Schmach antun auf unsrer eignen Erde?
Ist keine Hülfe gegen solchen Drang?
(Eine große Bewegung unter den Landleuten)
Nein, eine Grenze hat Tyrannenmacht,
Wenn der Gedrückte nirgends Recht kann finden,
Wenn unerträglich wird die Last – greift er
Hinauf getrosten Mutes in den Himmel
Und holt herunter seine ewgen Rechte,
Die droben hangen unveräußerlich
Und unzerbrechlich wie die Sterne selbst –
Der alte Urstand der Natur kehrt wieder,
Wo Mensch dem Menschen gegenübersteht –
Zum letzten Mittel, wenn kein andres mehr
Verfangen will, ist ihm das Schwert gegeben –
Der Güter höchstes dürfen wir verteidgen
Gegen Gewalt – Wir stehn vor unser Land[1],
Wir stehn vor unsre Weiber, unsre Kinder!

ALLE *(an ihre Schwerter schlagend).*
Wir stehn vor unsre Weiber, unsre Kinder!

RÖSSELMANN *(tritt in den Ring).*
Eh ihr zum Schwerte greift, bedenkt es wohl.
Ihr könnt es friedlich mit dem Kaiser schlichten.
Es kostet euch ein Wort und die Tyrannen,
Die euch jetzt schwer bedrängen, schmeicheln euch.
– Ergreift, was man euch oft geboten hat,
Trennt euch vom Reich, erkennet Östreichs Hoheit –

AUF DER MAUER. Was sagt der Pfarrer? Wir zu Östreich schwören!

1 *vor unser Land:* für unser Land

Am Bühel. Hört ihn nicht an!
Winkelried. Das rät uns ein Verräter,
Ein Feind des Landes!
Reding. Ruhig, Eidgenossen!
Sewa. Wir Östreich huldigen[1], nach solcher Schmach!
Von der Flüe. Wir uns abtrotzen lassen durch Gewalt,
Was wir der Güte weigerten!
Meier. Dann wären
Wir Sklaven und verdienten es zu sein!
Auf der Mauer. Der sei gestoßen aus dem Recht der Schweizer,
Wer von Ergebung spricht an Österreich!
– Landammann, ich bestehe drauf, dies sei
Das erste Landsgesetz, das wir hier geben.
Melchthal.
So seis. Wer von Ergebung spricht an Östreich,
Soll rechtlos sein und aller Ehren bar[2],
Kein Landmann nehm ihn auf an seinem Feuer.
Alle *(heben die rechte Hand auf).*
Wir wollen es, das sei Gesetz!
Reding *(nach einer Pause).* Es ists.

1 *huldigen:* dienen, ergeben sein
2 *aller Ehren bar:* ohne alle Ehren

RÖSSELMANN. Jetzt seid ihr frei, ihr seids durch dies Gesetz,
Nicht durch Gewalt soll Österreich ertrotzen,
Was es durch freundlich Werben nicht erhielt –
JOST VON WEILER. Zur Tagesordnung, weiter.
REDING. Eidgenossen!
Sind alle sanften Mittel auch versucht?
Vielleicht weiß es der König nicht, es ist
Wohl gar sein Wille nicht, was wir erdulden.
Auch dieses Letzte sollten wir versuchen,
Erst unsre Klage bringen vor sein Ohr,
Eh wir zum Schwerte greifen. Schrecklich immer
Auch in gerechter Sache ist Gewalt,
Gott hilft nur dann, wenn Menschen nicht mehr helfen.
STAUFFACHER *(zu Konrad Hunn).*
Nun ists an Euch, Bericht zu geben. Redet.
KONRAD HUNN. Ich war zu Rheinfeld an des Kaisers Pfalz[1],
Wider der Vögte harten Druck zu klagen,
Den Brief zu holen unsrer alten Freiheit,
Den jeder neue König sonst bestätigt.
Die Boten vieler Städte fand ich dort,
Vom schwäbschen Lande und vom Lauf des Rheins,
Die all erhielten ihre Pergamente
Und kehrten freudig wieder in ihr Land.
Mich, *euren* Boten, wies man an die Räte
Und die entließen mich mit leerem Trost:
„Der Kaiser habe diesmal keine Zeit,
Er würde sonst einmal wohl an uns denken."
– Und als ich traurig durch die Säle ging
Der Königsburg, da sah ich Herzog Hansen[2]
In einem Erker weinend stehn, um ihn
Die edeln Herrn von Wart und Tegerfeld.
Die riefen mir und sagten: „Helft euch selbst,
Gerechtigkeit erwartet nicht vom König.
Beraubt er nicht des eignen Bruders Kind
Und hinterhält[3] ihm sein gerechtes Erbe?
Der Herzog fleht' ihn um sein Mütterliches,
Er habe seine Jahre voll, es wäre
Nun Zeit, auch Land und Leute zu regieren.
Was ward ihm zum Bescheid? Ein Kränzlein setzt' ihm
Der Kaiser auf: das sei die Zier der Jugend."
AUF DER MAUER. Ihr habts gehört. Recht und Gerechtigkeit
Erwartet nicht vom Kaiser! Helft euch selbst!

1 *des Kaisers Pfalz:* kaiserliche Hofburg
2 *Herzog Hansen:* Herzog Johann von Schwaben; tritt später im Drama als Parricida auf
3 *hinterhält:* behält ihm vor

REDING. Nichts andres bleibt uns übrig. Nun gebt Rat,
Wie wir es klug zum frohen Ende leiten[1].
WALTER FÜRST *(tritt in den Ring).*
Abtreiben[2] wollen wir verhassten Zwang,
Die alten Rechte, wie wir sie ererbt
Von unsern Vätern, wollen wir bewahren,
Nicht ungezügelt nach dem Neuen greifen.
Dem Kaiser bleibe, was des Kaisers ist,
Wer einen Herrn hat, dien ihm pflichtgemäß.
MEIER. Ich trage Gut von Österreich zu Lehen.
WALTER FÜRST. Ihr fahret fort Östreich die Pflicht zu leisten.
JOST VON WEILER. Ich steure[3] an die Herrn von Rappersweil.
WALTER FÜRST. Ihr fahret fort zu zinsen und zu steuern.
RÖSSELMANN. Der großen Frau zu Zürch[4] bin ich vereidet.
WALTER FÜRST. Ihr gebt dem Kloster, was des Klosters ist.
STAUFFACHER. Ich trage keine Lehen als des Reichs.
WALTER FÜRST. Was sein muss, das geschehe, doch nicht drüber.
Die Vögte wollen wir mit ihren Knechten
Verjagen und die festen Schlösser brechen,
Doch, wenn es sein mag, ohne Blut. Es sehe
Der Kaiser, dass wir notgedrungen nur
Der Ehrfurcht fromme Pflichten abgeworfen.
Und sieht er uns in unsern Schranken bleiben,
Vielleicht besiegt er staatsklug seinen Zorn,
Denn billge[5] Furcht erwecket sich ein Volk,
Das mit dem Schwerte in der Faust sich *mäßigt.*
REDING. Doch lasset hören! *Wie* vollenden wirs?
Es hat der Feind die Waffen in der Hand
Und nicht fürwahr in Frieden wird er weichen.
STAUFFACHER. Er wirds, wenn er in Waffen uns erblickt,
Wir überraschen ihn, eh er sich rüstet.
MEIER. Ist bald gesprochen, aber schwer getan.
Uns ragen in dem Land zwei feste Schlösser,
Die geben Schirm dem Feind und werden furchtbar,
Wenn uns der König in das Land sollt fallen.
Rossberg und Sarnen muss bezwungen sein,
Eh man ein Schwert erhebt in den drei Landen.
STAUFFACHER. Säumt man so lang, so wird der Feind gewarnt,
Zu viele sinds, die das Geheimnis teilen.
MEIER. In den Waldstätten findt sich kein Verräter.

1 *leiten:* führen, bringen
2 *abtreiben:* abschaffen
3 *steure:* zahle Steuern
4 *der großen Frau zu Zürch:* Kloster in Zürich
5 *billge:* billige: gerechte, angemessene

RÖSSELMANN. Der Eifer auch, der gute, kann verraten.
WALTER FÜRST. Schiebt man es auf, so wird der Twing vollendet
In Altorf und der Vogt befestigt sich.
MEIER. Ihr denkt an *euch.*
SIGRIST. Und Ihr seid ungerecht.
MEIER *(auffahrend).* Wir ungerecht! Das darf uns Uri bieten!
REDING. Bei eurem Eide, Ruh!
MEIER. Ja, wenn sich Schwyz
Versteht mit Uri, müssen *wir* wohl schweigen.
REDING. Ich muss euch weisen[1] vor der Landsgemeinde,
Dass ihr mit heftgem Sinn den Frieden stört!
Stehn wir nicht alle für dieselbe Sache?
WINKELRIED. Wenn wirs verschieben bis zum Fest des Herrn[2],
Dann bringts die Sitte mit, dass alle Sassen
Dem Vogt Geschenke bringen auf das Schloss,
So können zehen Männer oder zwölf
Sich unverdächtig in der Burg versammeln,
Die führen heimlich spitzge Eisen mit,
Die man geschwind kann an die Stäbe stecken,
Denn niemand kommt mit Waffen in die Burg.
Zunächst im Wald hält dann der große Haufe,
Und wenn die andern glücklich sich des Tors
Ermächtiget, so wird ein Horn geblasen
Und jene brechen aus dem Hinterhalt,
So wird das Schloss mit leichter Arbeit unser.
MELCHTHAL. Den Rossberg übernehm ich zu ersteigen,
Denn eine Dirn[3] des Schlosses ist mir hold
Und leicht betör ich sie zum nächtlichen
Besuch die schwanke Leiter[4] mir zu reichen,
Bin ich droben erst, zieh ich die Freunde nach.
REDING. Ists aller Wille, dass verschoben werde?
(Die Mehrheit erhebt die Hand.)
STAUFFACHER *(zählt die Stimmen).*
Es ist ein Mehr von zwanzig gegen zwölf!
WALTER FÜRST. Wenn am bestimmten Tag die Burgen fallen,
So geben wir von einem Berg zum andern
Das Zeichen mit dem Rauch, der Landsturm wird
Aufgeboten, schnell, im Hauptort jedes Landes,
Wenn dann die Vögte sehn der Waffen Ernst,
Glaubt mir, sie werden sich des Streits begeben[5]

1 *weisen:* zurechtweisen, ermahnen
2 *Fest des Herrn:* Weihnachten
3 *Dirn:* junges Mädchen
4 *schwanke Leiter:* Strickleiter
5 *sich des Streits begeben:* keinen Streit suchen, den Streit beenden

Und gern ergreifen friedliches Geleit
Aus unsern Landesmarken[1] zu entweichen.

STAUFFACHER. Nur mit dem Geßler fürcht ich schweren Stand,
Furchtbar ist er mit Reisigen umgeben,
Nicht ohne Blut räumt er das Feld, ja selbst
Vertrieben bleibt er furchtbar noch dem Land,
Schwer ists und fast gefährlich, ihn zu schonen.

BAUMGARTEN. Wos halsgefährlich ist, da stellt *mich* hin,
Dem Tell verdank ich mein gerettet Leben.
Gern schlag ichs in die Schanze für das Land[2],
Mein Ehr hab ich beschützt, mein Herz befriedigt.

REDING. Die Zeit bringt Rat. Erwartets in Geduld.
Man muss dem Augenblick auch was vertrauen.
– Doch seht, indes wir nächtlich hier noch tagen,
Stellt auf den höchsten Bergen schon der Morgen
Die glühnde Hochwacht[3] aus – Kommt, lasst uns scheiden,
Eh uns des Tages Leuchten überrascht.

WALTER FÜRST. Sorgt nicht, die Nacht weicht langsam aus den Tälern.
(Alle haben unwillkürlich die Hüte abgenommen
und betrachten mit stiller Sammlung die Morgenröte.)

RÖSSELMANN. Bei diesem Licht, das uns zuerst begrüßt
Von allen Völkern, die tief unter uns
Schwer atmend wohnen in dem Qualm der Städte,
Lasst uns den Eid des neuen Bundes schwören.
– Wir wollen sein ein einzig Volk von Brüdern,
In keiner Not uns trennen und Gefahr.
(Alle sprechen es nach mit erhobenen drei Fingern.)
– Wir wollen frei sein, wie die Väter waren,
Eher den Tod als in der Knechtschaft leben. *(Wie oben)*
– Wir wollen trauen[4] auf den höchsten Gott
Und uns nicht fürchten vor der Macht der Menschen.
(Wie oben. Die Landleute umarmen einander.)

STAUFFACHER. Jetzt gehe jeder seines Weges still
Zu seiner Freundschaft und Genosssame[5],
Wer Hirt ist, wintre[6] ruhig seine Herde
Und werb im stillen Freunde für den Bund,
– *Was* noch bis dahin muss erduldet werden,
Erduldets! Lasst die Rechnung der Tyrannen

1 *Landesmarken:* Gebiet
2 *Gern schlag ichs […]:* Gerne setze ich es für das Land aufs Spiel
3 *glühnde Hochwacht:* Morgenröte
4 *trauen:* vertrauen
5 *Genosssame:* Gemeinschaft, Gemeindebezirk
6 *wintre:* überwintere (Das Vieh überwintert in den Ställen.)

Anwachsen, bis *ein* Tag die allgemeine
Und die besondre Schuld auf einmal zahlt.
Bezähme jeder die gerechte Wut
Und spare für das Ganze seine Rache,
Denn Raub begeht am allgemeinen Gut,
Wer selbst sich hilft in seiner eignen Sache.

(Indem sie zu drei verschiednen Seiten in größter Ruhe abgehen, fällt das Orchester mit einem prachtvollen Schwung ein, die leere Szene bleibt noch eine Zeit lang offen und zeigt das Schauspiel der aufgehenden Sonne über den Eisgebirgen.)

DRITTER AUFZUG

Erste Szene

Hof vor Tells Hause

Er ist mit der Zimmeraxt, Hedwig mit einer häuslichen Arbeit beschäftigt. Walter und Wilhelm in der Tiefe spielen mit einer kleinen Armbrust.

WALTER *(singt).*
Mit dem Pfeil, dem Bogen
Durch Gebirg und Tal
Kommt der Schütz gezogen
Früh am Morgenstrahl.

Wie im Reich der Lüfte
König ist der Weih[1], –
Durch Gebirg und Klüfte[2]
Herrscht der Schütze frei.

Ihm gehört das Weite,
Was sein Pfeil erreicht,
Das ist seine Beute,
Was da kreucht und fleugt[3].

(Kommt gesprungen)
Der Strang[4] ist mir entzwei. Mach ihn mir, Vater.
TELL. Ich nicht. Ein rechter Schütze hilft sich selbst.
(Knaben entfernen sich.)
HEDWIG. Die Knaben fangen zeitig an zu schießen.
TELL. Früh übt sich, was ein Meister werden will.
HEDWIG. Ach wollte Gott, sie lerntens nie!
TELL. Sie sollen alles lernen. Wer durchs Leben
Sich frisch will schlagen, muss zu Schutz und Trutz
Gerüstet sein.
HEDWIG. Ach, es wird keiner seine Ruh
Zu Hause finden.
TELL. Mutter, ich kanns auch nicht,
Zum Hirten hat Natur mich nicht gebildet,

1 *Weih:* Weihe (Vogel)
2 *Klüfte:* tiefe Spalten, Taleinschnitte
3 *kreucht und fleugt:* kriecht und fliegt
4 *Strang:* Bogensehne

Rastlos muss ich ein flüchtig Ziel verfolgen,
Dann erst genieß ich meines Lebens recht,
Wenn ich mirs jeden Tag aufs Neu erbeute.

HEDWIG. Und an die Angst der Hausfrau denkst du nicht,
Die sich indessen, deiner wartend, härmt[1],
Denn mich erfüllts mit Grausen, was die Knechte
Von euren Wagefahrten[2] sich erzählen.
Bei jedem Abschied zittert mir das Herz,
Dass du mir nimmer werdest wiederkehren.
Ich sehe dich im wilden Eisgebirg,
Verirrt, von einer Klippe zu der andern
Den Fehlsprung tun, seh, wie die Gemse dich
Rückspringend mit sich in den Abgrund reißt,
Wie eine Windlawine[3] dich verschüttet,
Wie unter dir der trügerische Firn
Einbricht und du hinabsinkst, ein lebendig
Begrabner, in die schauerliche Gruft –
Ach, den verwegnen Alpenjäger hascht
Der Tod in hundert wechselnden Gestalten,
Das ist ein unglückseliges Gewerb[4],
Das halsgefährlich führt am Abgrund hin!

TELL. Wer frisch umherspäht mit gesunden Sinnen,
Auf Gott vertraut und die gelenke Kraft,
Der ringt sich leicht aus jeder Fahr[5] und Not,
Den schreckt der Berg nicht, der darauf geboren.
(Er hat seine Arbeit vollendet, legt das Gerät hinweg.)
Jetzt, mein ich, hält das Tor auf Jahr und Tag.
Die Axt im Haus erspart den Zimmermann. *(Nimmt den Hut)*

HEDWIG. Wo gehst du hin?

TELL. Nach Altorf, zu dem Vater.

HEDWIG. Sinnst du auch nichts Gefährliches? Gesteh mirs.

TELL. Wie kommst du darauf, Frau?

HEDWIG. Es spinnt sich etwas[6]
Gegen die Vögte – Auf dem Rütli ward
Getagt, ich weiß, und du bist auch im Bunde.

TELL. Ich war nicht mit dabei – doch werd ich mich
Dem Lande nicht entziehen, wenn es ruft.

HEDWIG. Sie werden dich hinstellen, wo Gefahr ist,
Das Schwerste wird dein Anteil sein, wie immer.

1 *härmt:* sorgt
2 *Wagefahrten:* waghalsige Unternehmungen
3 *Windlawine:* Staublawine, die aus Pulverschnee bestehet
4 *Gewerb:* Gewerbe, Beruf
5 *Fahr:* Gefahr
6 *Es spinnt sich etwas:* Es tut sich etwas

III, 1

TELL. Ein jeder wird besteuert nach Vermögen.
HEDWIG. Den Unterwaldner hast du auch im Sturme
Über den See geschafft – Ein Wunder wars,
Dass ihr entkommen – Dachtest du denn gar nicht
An Kind und Weib?
TELL. Lieb Weib, ich dacht an euch,
Drum rettet ich den Vater seinen Kindern.
HEDWIG. Zu schiffen in dem wütgen See! Das heißt
Nicht Gott vertrauen! Das heißt Gott versuchen.
TELL. Wer gar zu viel bedenkt, wird wenig leisten.
HEDWIG. Ja, du bist gut und hilfreich, dienest allen,
Und wenn du selbst in Not kommst, hilft dir keiner.
TELL. Verhüt es Gott, dass ich nicht Hülfe brauche.
(Er nimmt die Armbrust und Pfeile.)
HEDWIG. Was willst du mit der Armbrust? Lass sie hier.
TELL. Mir fehlt der Arm, wenn mir die Waffe fehlt.
(Die Knaben kommen zurück.)
WALTER. Vater, wo gehst du hin?
TELL. Nach Altorf, Knabe,
Zum Ehni[1] – Willst du mit?
WALTER. Ja freilich will ich.
HEDWIG. Der Landvogt ist jetzt dort. Bleib weg von Altorf.
TELL. Er *geht*, noch heute.
HEDWIG. Drum lass ihn erst fort sein.
Gemahn[2] ihn nicht an dich, du weißt, er grollt uns.
TELL. Mir soll sein böser Wille nicht viel schaden,
Ich tue recht und scheue keinen Feind.
HEDWIG. Die recht tun, eben die hasst er am meisten.
TELL. Weil er nicht an sie kommen kann – Mich wird
Der Ritter wohl in Frieden lassen, mein ich.
HEDWIG. So, weißt du das?
TELL. Es ist nicht lange her,
Da ging ich jagen durch die wilden Gründe[3]
Des Schächentals[4] auf menschenleerer Spur,
Und da ich einsam einen Felsensteig
Verfolgte, wo nicht auszuweichen war,
Denn über mir hing schroff die Felswand her
Und unten rauschte fürchterlich der Schächen,
*(Die Knaben drängen sich rechts und links an ihn
und sehen mit gespannter Neugier an ihm hinauf.)*

1 *Ehni:* Großvater (von Ahne)
2 *Gemahn:* Erinnere
3 *Gründe:* Abgründe
4 *Schächen:* Name eines Baches

Da kam der Landvogt gegen mich daher,
Er ganz allein mit mir, der auch allein war,
Bloß Mensch zu Mensch und neben uns der Abgrund.
Und als der Herre mein ansichtig ward
Und mich erkannte, den er kurz zuvor
Um kleiner Ursach willen schwer gebüßt[1],
Und sah mich mit dem stattlichen Gewehr[2]
Dahergeschritten kommen, da verblasst'[3] er,
Die Knie versagten ihm, ich sah es kommen,
Dass er jetzt an die Felswand würde sinken.
– Da jammerte mich sein, ich trat zu ihm
Bescheidentlich und sprach: Ich bins, Herr Landvogt.
Er aber konnte keinen armen Laut
Aus seinem Munde geben – Mit der Hand nur
Winkt' er mir schweigend, meines Wegs zu gehn,
Da ging ich fort und sandt ihm sein Gefolge.

HEDWIG. Er hat vor dir gezittert – Wehe dir!
Dass du ihn schwach gesehn, vergibt er nie.

TELL. Drum meid ich ihn und er wird *mich* nicht suchen.

1 *gebüßt:* gestraft
2 *Gewehr:* Armbrust
3 *verblasst:* erblasst

HEDWIG. Bleib heute nur dort weg. Geh lieber jagen.
TELL. Was fällt dir ein?
HEDWIG. Mich ängstigts. Bleibe weg.
TELL. Wie kannst du dich so ohne Ursach quälen?
HEDWIG. *Weils* keine Ursach hat – Tell, bleibe hier.
TELL. Ich habs versprochen, liebes Weib, zu kommen.
HEDWIG. *Musst* du, so geh – Nur lasse mir den Knaben!
WALTER. Nein, Mütterchen. Ich gehe mit dem Vater.
HEDWIG. Wälty, verlassen willst du deine Mutter?
WALTER. Ich bring dir auch was Hübsches mit vom Ehni.
(Geht mit dem Vater)
WILHELM. Mutter, ich bleibe bei dir!
HEDWIG *(umarmt ihn).* Ja, du bist
Mein liebes Kind, du bleibst mir noch allein!
(Sie geht an das Hoftor und folgt den Abgehenden lange mit den Augen.)

Zweite Szene

Eine eingeschlossene wilde Waldgegend, Staubbäche[1] *stürzen von den Felsen*

Berta im Jagdkleid. Gleich darauf Rudenz

BERTA. Er folgt mir. Endlich kann ich mich erklären.
RUDENZ *(tritt rasch ein).* Fräulein, jetzt endlich find ich Euch allein,
Abgründe schließen ringsumher uns ein,
In dieser Wildnis fürcht ich keinen Zeugen,
Vom Herzen wälz ich dieses lange Schweigen –
BERTA. Seid Ihr gewiss, dass uns die Jagd[2] nicht folgt?
RUDENZ. Die Jagd ist dort hinaus – Jetzt oder nie!
Ich muss den teuren Augenblick ergreifen –
Entschieden sehen muss ich mein Geschick,
Und sollt es mich auf ewig von Euch scheiden.
– O, waffnet Eure gütgen Blicke nicht
Mit dieser finstern Strenge – *Wer* bin ich,
Dass ich den kühnen Wunsch zu Euch erhebe?
Mich hat der Ruhm noch nicht genannt, ich darf
Mich in die Reih nicht stellen mit den Rittern,
Die siegberühmt und glänzend Euch umwerben.
Nichts hab ich als mein Herz voll Treu und Liebe –

1 *Staubbäche:* Gebirgsbäche, deren Gischt wie Staub aussieht
2 *Jagd:* Jagdgesellschaft

BERTA *(ernst und streng).*
Dürft Ihr von Liebe reden und von Treue,
Der treulos wird an seinen nächsten Pflichten?
(Rudenz tritt zurück.)
Der Sklave Österreichs, der sich dem Fremdling
Verkauft, dem Unterdrücker seines Volks?
RUDENZ. Von Euch, mein Fräulein, hör ich diesen Vorwurf?
Wen such ich denn als Euch auf jener Seite?
BERTA. Mich denkt Ihr auf der Seite des Verrats
Zu finden? Eher wollt ich meine Hand
Dem Geßler selbst, dem Unterdrücker, schenken
Als dem naturvergessnen Sohn[1] der Schweiz,
Der sich zu seinem Werkzeug machen kann!
RUDENZ. O Gott, was muss ich hören?
BERTA. Wie? Was liegt
Dem guten Menschen näher als die Seinen?
Gibts schönre Pflichten für ein edles Herz,
Als ein Verteidiger der Unschuld sein,
Das Recht des Unterdrückten zu beschirmen?
– Die Seele blutet mir um Euer Volk,
Ich leide *mit* ihm, denn ich muss es lieben,
Das so bescheiden ist und doch voll Kraft,
Es zieht mein ganzes Herz mich zu ihm hin,
Mit jedem Tage lern ichs mehr verehren.
– Ihr aber, den Natur und Ritterpflicht
Ihm zum geborenen Beschützer gaben
Und ders *verlässt,* der treulos übertritt
Zum Feind und Ketten schmiedet seinem Land,
Ihr seids, der mich verletzt und kränkt, ich muss
Mein Herz bezwingen, dass ich Euch nicht hasse.
RUDENZ. Will ich denn nicht das Beste meines Volks?
Ihm unter Östreichs mächtgem Szepter[2] nicht
Den Frieden –
BERTA. Knechtschaft wollt Ihr ihm bereiten!
Die Freiheit wollt Ihr aus dem letzten Schloss,
Das ihr noch auf der Erde blieb, verjagen.
Das Volk versteht sich besser auf sein Glück,
Kein Schein verführt sein sicheres Gefühl,
Euch haben sie das Netz ums Haupt geworfen –
RUDENZ. Berta! Ihr hasst mich, Ihr verachtet mich!

1 *naturvergessner Sohn:* Sohn, der seine natürlichen Pflichten vergessen hat
2 *Szepter = Zepter:* Herrscherstab als Zeichen der Macht

BERTA. Tät ichs, mir wäre besser – Aber den
Verachtet *sehen* und verachtungswert,
Den man gern lieben möchte –
RUDENZ. Berta! Berta!
Ihr zeiget mir das höchste Himmelsglück
Und stürzt mich tief in *einem* Augenblick.
BERTA. Nein, nein, das Edle ist nicht ganz erstickt
In Euch! Es schlummert nur, ich will es wecken,
Ihr müsst Gewalt ausüben an Euch selbst,
Die angestammte Tugend zu ertöten[1],
Doch wohl Euch, sie ist mächtiger als Ihr
Und trotz Euch selber seid Ihr gut und edel!
RUDENZ. Ihr glaubt an mich! O Berta, alles lässt
Mich Eure Liebe sein und werden!
BERTA. Seid,
Wozu die herrliche Natur Euch machte!
Erfüllt den Platz, wohin sie Euch gestellt,
Zu Eurem Volke steht und Eurem Lande
Und kämpft für Euer heilig Recht.
RUDENZ. Weh mir!
Wie kann ich Euch erringen, Euch besitzen,
Wenn ich der Macht des Kaisers widerstrebe?
Ists der Verwandten mächtger Wille nicht,
Der über Eure Hand tyrannisch waltet?
BERTA. In den Waldstätten liegen meine Güter,
Und ist der Schweizer frei, so bin auch ichs.
RUDENZ. Berta! welch einen Blick tut Ihr mir auf!
BERTA. Hofft nicht, durch Östreichs Gunst mich zu erringen,
Nach meinem Erbe strecken sie die Hand,
Das will man mit dem großen Erb vereinen.
Dieselbe Ländergier, die Eure Freiheit
Verschlingen will, sie drohet auch der meinen!
– O Freund, zum Opfer bin ich ausersehn,
Vielleicht um einen Günstling zu belohnen –
Dort wo die Falschheit und die Ränke[2] wohnen,
Hin an den Kaiserhof will man mich ziehn,
Dort harren mein verhasster Ehe Ketten,
Die Liebe nur – die Eure kann mich retten!
RUDENZ. Ihr könntet Euch entschließen hier zu leben,
In meinem Vaterlande mein zu sein?
O Berta, all mein Sehnen in das Weite,
Was war es als ein Streben nur nach Euch?

1 *ertöten:* abtöten, unterdrücken
2 *Ränke:* List

Euch sucht ich einzig auf dem Weg des Ruhms
Und all mein Ehrgeiz war nur meine Liebe.
Könnt Ihr mit mir Euch in dies stille Tal
Einschließen und der Erde Glanz entsagen –
O dann ist meines Strebens Ziel gefunden,
Dann mag der Strom der wild bewegten Welt
Ans sichre Ufer dieser Berge schlagen –
Kein flüchtiges Verlangen hab ich mehr
Hinauszusenden in des Lebens Weiten –
Dann mögen diese Felsen um uns her
Die undurchdringlich feste Mauer breiten
Und dies verschlossne selge Tal allein
Zum Himmel offen und gelichtet[1] sein!
BERTA. Jetzt bist du ganz, wie dich mein ahnend Herz
Geträumt, mich hat mein Glaube nicht betrogen!
RUDENZ. Fahr hin, du eitler Wahn, der mich betört!
Ich soll das Glück in meiner Heimat finden.
Hier wo der Knabe fröhlich aufgeblüht,
Wo tausend Freudespuren mich umgeben,
Wo alle Quellen mir und Bäume leben,
Im Vaterland willst du die Meine werden!
Ach, wohl hab ich es stets geliebt! Ich fühls,
Es fehlte mir zu jedem Glück der Erden.
BERTA. Wo wär die selge Insel[2] aufzufinden,
Wenn sie nicht hier ist in der Unschuld Land?
Hier, wo die alte Treue heimisch wohnt,
Wo sich die Falschheit noch nicht hingefunden,
Da trübt kein Neid die Quelle unsers Glücks,
Und ewig hell entfliehen uns die Stunden.
– Da seh ich *dich* im echten Männerwert,
Den Ersten von den Freien und den Gleichen,
Mit reiner, freier Huldigung verehrt,
Groß wie ein König wirkt in seinen Reichen.
RUDENZ. Da seh ich dich, die Krone aller Frauen,
In weiblich reizender Geschäftigkeit,
In meinem Haus den Himmel mir erbauen
Und, wie der Frühling seine Blumen streut,
Mit schöner Anmut mir das Leben schmücken
Und alles rings beleben und beglücken!
BERTA. Sieh, teurer Freund, warum ich trauerte,
Als ich dies höchste Lebensglück dich selbst
Zerstören sah – Weh mir! Wie stünds um mich,

1 *gelichtet:* voller Licht, lichterfüllt
2 *selge Insel*: selige Insel; Insel der Seligen, Ort des Glücks

Wenn ich dem stolzen Ritter müsste folgen,
Dem Landbedrücker[1] auf sein finstres Schloss!
– Hier ist kein Schloss. Mich scheiden keine Mauern
Von einem Volk, das ich beglücken kann!

RUDENZ. Doch wie mich retten – wie die Schlinge lösen,
Die ich mir töricht selbst ums Haupt gelegt?

BERTA. Zerreiße sie mit männlichem Entschluss!
Was auch draus werde – Steh zu deinem Volk,
Es ist dein angeborner Platz. *(Jagdhörner in der Ferne)*
Die Jagd
Kommt näher – Fort, wir müssen scheiden – Kämpfe
Fürs Vaterland, du kämpfst für deine Liebe!
Es ist *ein* Feind, vor dem wir alle zittern,
Und *eine* Freiheit macht uns alle frei! *(Gehen ab)*

Dritte Szene

Wiese bei Altorf. Im Vordergrund Bäume, in der Tiefe der Hut auf einer Stange. Der Prospekt wird begrenzt durch den Bannberg[2]*, über welchem ein Schneegebirg emporragt.*

Frießhardt und Leuthold halten Wache.

FRIESSHARDT. Wir passen auf umsonst. Es will sich niemand
Heranbegeben und dem Hut sein' Reverenz[3]
Erzeigen. 's war doch sonst wie Jahrmarkt hier,
Jetzt ist der ganze Anger[4] wie verödet,
Seitdem der Popanz[5] auf der Stange hängt.

LEUTHOLD. Nur schlecht Gesindel lässt sich sehn und schwingt
Uns zum Verdrieße die zerlumpten Mützen.
Was rechte Leute sind, die machen lieber
Den langen Umweg um den halben Flecken[6],
Eh sie den Rücken beugten vor dem Hut.

FRIESSHARDT. Sie müssen über diesen Platz, wenn sie
Vom Rathaus kommen um die Mittagstunde.
Da meint ich schon 'nen guten Fang zu tun,
Denn keiner dachte dran, den Hut zu grüßen.

1 *Landbedrücker:* Unterdrücker des Landes
2 *Bannberg:* Berg, dessen Waldbestand nicht geschlagen werden darf, weil er Schutz vor Lawinen bietet
3 *Reverenz:* Ehrerbietung
4 *Anger:* Wiesenplatz
5 *Popanz:* Vogelscheuche, Schreckgestalt
6 *Flecken:* Ortschaft, kleines Dorf

Da siehts der Pfaff[1], der Rösselmann – kam just
Von einem Kranken her – und stellt sich hin
Mit dem Hochwürdigen, grad vor die Stange –
Der Sigrist musste mit dem Glöcklein schellen,
Da fielen all aufs Knie, ich selber mit,
Und grüßten die Monstranz[2], doch nicht den Hut.–

LEUTHOLD. Höre, Gesell, es fängt mir an zu deuchten[3],
Wir stehen hier am Pranger[4] vor dem Hut,
's ist doch ein Schimpf für einen Reitersmann,
Schildwach zu stehn vor einem leeren Hut –
Und jeder rechte Kerl muss uns verachten.
– Die Reverenz zu machen einem Hut,
Es ist doch traun[5]! ein närrischer Befehl!

FRIESSHARDT. Warum nicht einem leeren, hohlen Hut?
Bückst du dich doch vor manchem hohlen Schädel.
(Hildegard, Mechthild und Elsbet treten auf mit Kindern und stellen sich um die Stange.)

LEUTHOLD. Und du bist auch so ein dienstfertger Schurke
Und brächtest wackre Leute gern ins Unglück.
Mag, wer da will, am Hut vorübergehn,
Ich drück die Augen zu und seh nicht hin.

MECHTHILD. Da hängt der Landvogt – Habt Respekt, ihr Buben.

ELSBET. Wollts Gott, er ging, und ließ uns seinen Hut,
Es sollte drum nicht schlechter stehn ums Land!

FRIESSHARDT *(verscheucht sie).*
Wollt ihr vom Platz? Verwünschtes Volk der Weiber!
Wer fragt nach euch? Schickt eure Männer her,
Wenn sie der Mut sticht[6] dem Befehl zu trotzen.
(Weiber gehen.)
(Tell mit der Armbrust tritt auf, den Knaben an der Hand führend. Sie gehen an dem Hut vorbei gegen die vordere Szene ohne darauf zu achten.)

WALTER *(zeigt nach dem Bannberg).*
Vater, ists wahr, dass auf dem Berge dort
Die Bäume bluten, wenn man einen Streich
Drauf führte mit der Axt?

TELL. Wer sagt das, Knabe?

WALTER. Der Meister Hirt erzählts – Die Bäume seien
Gebannt[7], sagt er, und wer sie schädige,
Dem wachse seine Hand heraus zum Grabe.

1 *Pfaff:* Pfarrer
2 *Monstranz:* Gefäß, in dem das Abendmahlsbrot aufbewahrt wird
3 *es fängt mir an zu deuchten:* es fängt an, mir klar zu werden
4 *Pranger:* Schandpfahl
5 *traun:* wahrhaftig
6 *der Mut sticht:* Mut haben
7 *gebannt:* geschützt

TELL. Die Bäume sind gebannt, das ist die Wahrheit.
– Siehst du die Firnen dort, die weißen Hörner,
Die hoch bis in den Himmel sich verlieren?
WALTER. Das sind die Gletscher, die des Nachts so donnern
Und uns die Schlaglawinen[1] niedersenden.
TELL. So ists, und die Lawinen hätten längst
Den Flecken Altorf unter ihrer Last
Verschüttet, wenn der Wald dort oben nicht
Als eine Landwehr[2] sich dagegenstellte.
WALTER *(nach einigem Besinnen).*
Gibts Länder, Vater, wo *nicht* Berge sind?
TELL. Wenn man hinuntersteigt von unsern Höhen
Und immer tiefer steigt, den Strömen nach,
Gelangt man in ein großes, ebnes Land,
Wo die Waldwasser nicht mehr brausend schäumen,
Die Flüsse ruhig und gemächlich ziehn,
Da sieht man frei nach allen Himmelsräumen,
Das Korn wächst dort in langen, schönen Auen[3]
Und wie ein Garten ist das Land zu schauen.
WALTER. Ei, Vater, warum steigen wir denn nicht
Geschwind hinab in dieses schöne Land,
Statt dass wir uns hier ängstigen und plagen?
TELL. Das Land ist schön und gütig wie der Himmel,
Doch die's bebauen, *sie* genießen nicht
Den Segen, den sie pflanzen.
WALTER. Wohnen sie
Nicht frei wie du auf ihrem eignen Erbe?
TELL. Das Feld gehört dem Bischof und dem König.
WALTER. So dürfen sie doch frei in Wäldern jagen?
TELL. Dem Herrn gehört das Wild und das Gefieder.
WALTER. Sie dürfen doch frei fischen in dem Strom?
TELL. Der Strom, das Meer, das Salz gehört dem König.
WALTER. Wer ist der König denn, den alle fürchten?
TELL. Es ist der *eine,* der sie schützt und nährt.
WALTER. Sie können sich nicht mutig selbst beschützen?
TELL. Dort darf der Nachbar nicht dem Nachbar trauen.
WALTER. Vater, es wird mir eng im weiten Land,
Da wohn ich lieber unter den Lawinen.
TELL. Ja, wohl ists besser, Kind, die Gletscherberge
Im Rücken haben als die bösen Menschen.
(Sie wollen vorübergehen.)

1 *Schlaglawinen:* Geröll- und Eislawinen
2 *Landwehr:* Bollwerk, Schutz
3 *Aue:* Wiese

WALTER. Ei, Vater, sieh den Hut dort auf der Stange.
TELL. Was kümmert uns der Hut? Komm, lass uns gehen.
(Indem er abgehen will, tritt ihm Frießhardt mit vorgehaltner Pike[1] entgegen.)
FRIESSHARDT. In des Kaisers Namen! Haltet an und steht!
TELL *(greift in die Pike).*
Was wollt Ihr? Warum haltet Ihr mich auf?
FRIESSHARDT. Ihr habts Mandat[2] verletzt, Ihr müsst uns folgen.
LEUTHOLD. Ihr habt dem Hut nicht Reverenz bewiesen.
TELL. Freund, lass mich gehen.
FRIESSHARDT. Fort, fort ins Gefängnis!
WALTER. Den Vater ins Gefängnis! Hülfe! Hülfe!
(In die Szene rufend)
Herbei, ihr Männer, gute Leute, helft,
Gewalt, Gewalt, sie führen ihn gefangen.
(Rösselmann, der Pfarrer und Petermann, der Sigrist kommen herbei, mit drei andern Männern.)
SIGRIST. Was gibts?
RÖSSELMANN. Was legst du Hand an diesen Mann?
FRIESSHARDT. Er ist ein Feind des Kaisers, ein Verräter!
TELL *(fasst ihn heftig).* Ein Verräter, ich!

1 *Pike:* Spieß, Waffe
2 *Mandat:* Verordnung, öffentlicher Aushang

RÖSSELMANN. Du irrst dich, Freund, das ist
Der Tell, ein Ehrenmann und guter Bürger.
WALTER *(erblickt Walter Fürsten und eilt ihm entgegen).*
Großvater, hilf, Gewalt geschieht dem Vater.
FRIESSHARDT. Ins Gefängnis, fort!
WALTER FÜRST *(herbeieilend).* Ich leiste Bürgschaft, haltet!
– Um Gotteswillen, Tell, was ist geschehen?
(Melchthal und Stauffacher kommen.)
FRIESSHARDT. Des Landvogts oberherrliche Gewalt
Verachtet er und will sie nicht erkennen.
STAUFFACHER. Das hätt der Tell getan?
MELCHTHAL. Das lügst du, Bube!
LEUTHOLD. Er hat dem Hut nicht Reverenz bewiesen.
WALTER FÜRST. Und darum soll er ins Gefängnis? Freund,
Nimm meine Bürgschaft an und lass ihn ledig[1].
FRIESSHARDT. Bürg du für dich und deinen eignen Leib!
Wir tun, was unsers Amtes – Fort mit ihm!
MELCHTHAL *(zu den Landleuten).*
Nein, das ist schreiende Gewalt! Ertragen wirs,
Dass man ihn fortführt, frech, vor unsern Augen?
SIGRIST. Wir sind die Stärkern. Freunde, duldets nicht,
Wir haben einen Rücken an den andern[2]!
FRIESSHARDT. Wer widersetzt sich dem Befehl des Vogts?
NOCH DREI LANDLEUTE *(herbeieilend).*
Wir helfen euch. Was gibts? Schlagt sie zu Boden.
(Hildegard, Mechthild und Elsbet kommen zurück.)
TELL. Ich helfe mir schon selbst. Geht, gute Leute,
Meint ihr, wenn ich die Kraft gebrauchen wollte,
Ich würde mich vor ihren Spießen fürchten?
MELCHTHAL *(zu Frießhardt).*
Wags, ihn aus unsrer Mitte wegzuführen!
WALTER FÜRST UND STAUFFACHER.
Gelassen! Ruhig!
FRIESSHARDT *(schreit).* Aufruhr und Empörung!
(Man hört Jagdhörner.)
WEIBER. Da kommt der Landvogt!
FRIESSHARDT *(erhebt die Stimme).* Meuterei! Empörung!
STAUFFACHER. Schrei, bis du berstest, Schurke!
RÖSSELMANN UND MELCHTHAL. Willst du schweigen?
FRIESSHARDT *(ruft noch lauter).*
Zu Hülf, zu Hülf den Dienern des Gesetzes.
WALTER FÜRST. Da ist der Vogt! Weh uns, was wird das werden!

1 *ledig:* frei
2 *Wir haben einen Rücken an den andern.:* Wir stehen zueinander.

(Geßler zu Pferd, den Falken auf der Faust, Rudolf der Harras, Berta und Rudenz, ein großes Gefolge von bewaffneten Knechten, welche einen Kreis von Piken um die ganze Szene schließen.)

RUDOLF DER HARRAS. Platz, Platz dem Landvogt!
GESSLER. Treibt sie auseinander!
Was läuft das Volk zusammen? Wer ruft Hülfe?
(Allgemeine Stille)
Wer wars? Ich will es wissen. *(Zu Frießhardt)*
Du tritt vor!
Wer bist du und was hältst du diesen Mann?
(Er gibt den Falken einem Diener.)
FRIESSHARDT. Gestrenger Herr, ich bin dein Waffenknecht
Und wohlbestellter Wächter bei dem Hut.
Diesen Mann ergriff ich über frischer Tat,
Wie er dem Hut den Ehrengruß versagte.
Verhaften wollt ich ihn, wie du befahlst,
Und mit Gewalt will ihn das Volk entreißen.
GESSLER *(nach einer Pause).*
Verachtest du so deinen Kaiser, Tell,
Und *mich,* der hier an seiner statt gebietet,
Dass du die Ehr versagst dem Hut, den ich
Zur Prüfung des Gehorsams aufgehangen?
Dein böses Trachten hast du mir verraten.
TELL. Verzeiht mir, lieber Herr! Aus Unbedacht,
Nicht aus Verachtung Eurer ists geschehn,
Wär ich besonnen, hieß ich nicht der Tell,
Ich bitt um Gnad, es soll nicht mehr begegnen.
GESSLER *(nach einigem Stillschweigen).*
Du bist ein Meister auf der Armbrust, Tell,
Man sagt, du nähmst es auf mit jedem Schützen?
WALTER TELL. Und das muss wahr sein, Herr – 'nen Apfel schießt
Der Vater dir vom Baum auf hundert Schritte.
GESSLER. Ist das dein Knabe, Tell?
TELL. Ja, lieber Herr.
GESSLER. Hast du der Kinder mehr?
TELL. Zwei Knaben, Herr.
GESSLER. Und welcher ists, den du am meisten liebst?
TELL. Herr, beide sind sie mir gleich liebe Kinder.
GESSLER. Nun, Tell! weil du den Apfel triffst vom Baume
Auf hundert Schritte, so wirst du deine Kunst
Vor mir bewähren müssen – Nimm die Armbrust –
Du hast sie gleich zur Hand – und mach dich fertig,
Einen Apfel von des Knaben Kopf zu schießen –
Doch will ich raten, ziele gut, dass du

Den Apfel treffest auf den ersten Schuss,
Denn fehlst du ihn, so ist dein Kopf verloren.
(Alle geben Zeichen des Schreckens.)

TELL. Herr – Welches Ungeheure sinnet Ihr
Mir an – Ich soll vom Haupte meines Kindes –
– Nein, nein doch, lieber Herr, das kömmt Euch nicht
Zu Sinn – Verhüts der gnädge Gott – das könnt Ihr
Im Ernst von einem Vater nicht begehren!

GESSLER. Du wirst den Apfel schießen von dem Kopf
Des Knaben – Ich begehrs und wills.

TELL. Ich soll
Mit meiner Armbrust auf das liebe Haupt
Des eignen Kindes zielen – Eher sterb ich!

GESSLER. Du schießest oder stirbst *mit* deinem Knaben.

TELL. Ich soll der Mörder werden meines Kinds!
Herr, Ihr habt keine Kinder – wisset nicht,
Was sich bewegt in eines Vaters Herzen.

GESSLER. Ei, Tell, du bist ja plötzlich so besonnen!
Man sagte mir, dass du ein Träumer seist
Und dich entfernst von andrer Menschen Weise[1].
Du liebst das Seltsame – drum hab ich jetzt
Ein eigen Wagstück[2] für dich ausgesucht.
Ein andrer wohl bedächte sich – *Du* drückst
Die Augen zu und greifst es herzhaft an.

BERTA. Scherzt nicht, o Herr! mit diesen armen Leuten!
Ihr seht sie bleich und zitternd stehn – So wenig
Sind sie Kurzweils[3] gewohnt aus Eurem Munde.

GESSLER. Wer sagt Euch, dass ich scherze?
(Greift nach einem Baumzweige, der über ihn herhängt.)
Hier ist der Apfel.
Man mache Raum – Er nehme seine Weite[4],
Wies Brauch ist – Achtzig Schritte geb ich ihm –
Nicht weniger noch mehr – Er rühmte sich
Auf ihrer hundert seinen Mann zu treffen –
Jetzt, Schütze, triff, und fehle nicht das Ziel!

RUDOLF DER HARRAS.
Gott, das wird ernsthaft – Falle nieder, Knabe,
Es gilt, und fleh den Landvogt um dein Leben.

WALTER FÜRST *(beiseite zu Melchthal, der kaum seine Ungeduld bezwingt).*
Haltet an Euch, ich fleh Euch drum, bleibt ruhig.

1 *Weise:* Lebensart
2 *Wagstück:* riskantes, gefährliches Vorhaben
3 *Kurzweils:* Scherze, Vergnügen
4 *Weite:* Entfernung, Abstand

BERTA *(zum Landvogt).* Lasst es genug sein, Herr! Unmenschlich ists,
Mit eines Vaters Angst also zu spielen.
Wenn dieser arme Mann auch Leib und Leben
Verwirkt durch seine leichte Schuld, bei Gott!
Er hätte jetzt zehnfachen Tod empfunden.
Entlasst ihn ungekränkt in seine Hütte,
Er hat Euch kennen lernen, dieser Stunde
Wird er und seine Kindeskinder denken.
GESSLER. Öffnet die Gasse – Frisch! Was zauderst du?
Dein Leben ist verwirkt, ich kann dich töten
Und sieh, ich lege gnädig dein Geschick
In deine eigne kunstgeübte[1] Hand.
Der kann nicht klagen über harten Spruch,
Den man zum Meister seines Schicksals macht.
Du rühmst dich deines sichern Blicks. Wohlan!
Hier gilt es, *Schütze,* deine Kunst zu zeigen,
Das Ziel ist würdig und der Preis ist groß!
Das Schwarze treffen in der Scheibe, *das*
Kann auch ein andrer! *der* ist mir der Meister,
Der seiner Kunst gewiss[2] ist überall,
Dems Herz[3] nicht in die Hand tritt noch ins Auge.
WALTER FÜRST *(wirft sich vor ihm nieder).*
Herr Landvogt, wir erkennen Eure Hoheit,
Doch lasset Gnad vor Recht ergehen, nehmt
Die Hälfte meiner Habe[4], nehmt sie ganz,
Nur dieses Grässliche erlasset einem Vater!
WALTER TELL. Großvater knie nicht vor dem falschen Mann!
Sagt, wo ich hinstehn soll, ich fürcht mich nicht,
Der Vater trifft den Vogel ja im Flug,
Er wird nicht fehlen[5] auf das Herz des Kindes.
STAUFFACHER.
Herr Landvogt, rührt Euch nicht des Kindes Unschuld?
RÖSSELMANN. O denket, dass ein Gott im Himmel ist,
Dem Ihr müsst Rede stehn für Eure Taten.
GESSLER *(zeigt auf den Knaben).* Man bind ihn an die Linde dort!
WALTER TELL. Mich binden!
Nein, ich will nicht gebunden sein. Ich will
Still halten, wie ein Lamm, und auch nicht atmen.
Wenn ihr mich bindet, nein, so kann ichs nicht,
So werd ich toben gegen meine Bande.

1 *kunstgeübte:* in der Kunst des Bogenschießens geübt
2 *gewiss:* sicher
3 *Herz:* Gefühl, innere Bewegung
4 *Habe:* Besitz
5 *nicht fehlen:* nicht verfehlen, keinen Fehlschuss tun

RUDOLF DER HARRAS. Die Augen nur lass dir verbinden, Knabe.
WALTER TELL. Warum die Augen? Denket Ihr, ich fürchte
Den Pfeil von Vaters Hand? Ich will ihn fest
Erwarten und nicht zucken mit den Wimpern.
– Frisch, Vater, zeigs, dass du ein Schütze bist,
Er glaubt dirs nicht, er denkt uns zu verderben –
Dem Wütrich zum Verdrusse, schieß und triff.
(Er geht an die Linde, man legt ihm den Apfel auf.)
MELCHTHAL *(zu den Landleuten).*
Was? Soll der Frevel sich vor unsern Augen
Vollenden? Wozu haben wir geschworen?
STAUFFACHER. Es ist umsonst. Wir haben keine Waffen,
Ihr seht den Wald von Lanzen um uns her.
MELCHTHAL. O hätten wirs mit frischer Tat vollendet,
Verzeihs Gott denen, die zum Aufschub rieten!
GESSLER *(zum Tell).*
Ans Werk! Man führt die Waffen nicht vergebens.
Gefährlich ists, ein Mordgewehr zu tragen,
Und auf den Schützen springt der Pfeil zurück.
Dies stolze Recht, das sich der Bauer nimmt,
Beleidiget den höchsten Herrn des Landes.
Gewaffnet sei niemand, als wer gebietet.
Freuts euch, den Pfeil zu führen und den Bogen,
Wohl, so will *ich* das Ziel euch dazu geben.
TELL *(spannt die Armbrust und legt den Pfeil auf).*
Öffnet die Gasse! Platz!
STAUFFACHER. Was, Tell? Ihr wolltet – Nimmermehr – Ihr zittert,
Die Hand erbebt Euch, Eure Kniee wanken –
TELL *(lässt die Armbrust sinken).*
Mir schwimmt es vor den Augen!
WEIBER. Gott im Himmel!
TELL *(zum Landvogt).* Erlasset mir den Schuss. Hier ist mein Herz!
(Er reißt die Brust auf.)
Ruft Eure Reisigen und stoßt mich nieder.
GESSLER. Ich will dein Leben nicht, ich will den Schuss.
– Du kannst ja alles, Tell, an nichts verzagst du,
Das Steuerruder führst du wie den Bogen,
Dich schreckt kein Sturm, wenn es zu retten gilt,
Jetzt, Retter, hilf dir selbst – du rettest alle!
(Tell steht in fürchterlichem Kampf, mit den Händen zuckend und die rollenden Augen bald auf den Landvogt, bald zum Himmel gerichtet. – Plötzlich greift er in seinen Köcher, nimmt einen zweiten Pfeil heraus und steckt ihn in seinen Goller[1]. Der Landvogt bemerkt alle diese Bewegungen.)

1 *Goller:* Brustkleid, eine Art Weste

WALTER TELL *(unter der Linde).*
Vater, schieß zu, ich fürcht mich nicht.
TELL. Es muss!
(Er rafft sich zusammen und legt an.)
RUDENZ *(der die ganze Zeit über in der heftigsten Spannung gestanden und mit Gewalt an sich gehalten, tritt hervor).*
Herr Landvogt, weiter werdet Ihrs nicht treiben,
Ihr werdet *nicht* – Es war nur eine Prüfung –
Den Zweck habt Ihr erreicht – Zu weit getrieben
Verfehlt die Strenge ihres weisen Zwecks
Und allzu straff gespannt zerspringt der Bogen.
GESSLER. Ihr schweigt, bis man Euch aufruft.
RUDENZ. Ich *will* reden,
Ich darfs, des Königs Ehre ist mir heilig,
Doch solches Regiment muss Hass erwerben.
Das ist des Königs Wille nicht – Ich darfs
Behaupten – Solche Grausamkeit verdient
Mein Volk nicht, dazu habt Ihr keine Vollmacht.
GESSLER. Ha, Ihr erkühnt Euch!
RUDENZ. Ich hab still geschwiegen
Zu allen schweren Taten, die ich sah,
Mein sehend Auge hab ich zugeschlossen,

Mein überschwellend und empörtes Herz
Hab ich hinabgedrückt in meinen Busen.
Doch länger schweigen wär Verrat zugleich
An meinem Vaterland und an dem Kaiser.

BERTA *(wirft sich zwischen ihn und den Landvogt).*
O Gott, Ihr reizt den Wütenden noch mehr.

RUDENZ. Mein Volk verließ ich, meinen Blutsverwandten
Entsagt ich, alle Bande der Natur
Zerriss ich um an Euch mich anzuschließen –
Das Beste aller glaubt ich zu befördern[1],
Da ich des Kaisers Macht befestigte –
Die Binde fällt von meinen Augen – Schaudernd
Seh ich an einen Abgrund mich geführt –
Mein freies Urteil habt Ihr irrgeleitet,
Mein redlich Herz verführt – Ich war daran,
Mein Volk in bester Meinung zu verderben.

GESSLER. Verwegner, diese Sprache deinem Herrn[2]?

RUDENZ. Der Kaiser ist mein Herr, nicht Ihr – Frei bin ich
Wie Ihr geboren und ich messe mich
Mit Euch in jeder ritterlichen Tugend,
Und stündet Ihr nicht hier in Kaisers Namen,
Den ich verehre, selbst wo man ihn schändet[3],
Den Handschuh[4] wärf ich vor Euch hin, Ihr solltet
Nach ritterlichem Brauch mir Antwort geben.
– Ja, winkt nur Euren Reisigen – Ich stehe
Nicht wehrlos da, wie *die* – *(auf das Volk zeigend).*
Ich hab ein Schwert,
Und wer mir naht –

STAUFFACHER *(ruft).* Der Apfel ist gefallen!
(Indem sich alle nach dieser Seite gewendet und Berta zwischen Rudenz und den Landvogt sich geworfen, hat Tell den Pfeil abgedrückt.)

RÖSSELMANN. Der Knabe lebt!

VIELE STIMMEN. Der Apfel ist getroffen!
(Walter Fürst schwankt und droht zu sinken, Berta hält ihn.)

GESSLER *(erstaunt).* Er hat geschossen? Wie? der Rasende!

BERTA. Der Knabe lebt! kommt zu Euch, guter Vater!

WALTER TELL *(kommt mit dem Apfel gesprungen).*
Vater, hier ist der Apfel – Wusst ichs ja,
Du würdest deinen Knaben nicht verletzen.
(Tell stand mit vorgebognem Leib, als wollt er dem Pfeil folgen – die Armbrust entsinkt seiner Hand – wie er den Knaben kommen sieht, eilt er ihm mit aus-

1 *befördern:* voranbringen
2 *diese Sprache deinem Herrn:* diese Sprache gebrauchst du gegenüber deinem Herrn
3 *schändet:* Schande antut
4 *Handschuh:* Fehdehandschuh: Zeichen der Feindschaft

gebreiteten Armen entgegen und hebt ihn mit heftiger Inbrunst zu seinem Herzen hinauf, in dieser Stellung sinkt er kraftlos zusammen. Alle stehen gerührt.)

BERTA. O gütger Himmel!

WALTER FÜRST *(zu Vater und Sohn).* Kinder! meine Kinder!

STAUFFACHER. Gott sei gelobt!

LEUTHOLD. Das war ein Schuss! Davon
Wird man noch reden in den spätsten Zeiten.

RUDOLF DER HARRAS.
Erzählen wird man von dem Schützen Tell,
Solang die Berge stehn auf ihrem Grunde.
(Reicht dem Landvogt den Apfel)

GESSLER. Bei Gott, der Apfel mitten durchgeschossen!
Es war ein Meisterschuss, ich muss ihn loben.

RÖSSELMANN. Der Schuss war gut, doch wehe dem, der ihn
Dazu getrieben, dass er Gott versuchte.

STAUFFACHER.
Kommt zu Euch, Tell, steht auf, Ihr habt Euch männlich
Gelöst und frei könnt Ihr nach Hause gehen.

RÖSSELMANN.
Kommt, kommt und bringt der Mutter ihren Sohn.
(Sie wollen ihn wegführen.)

GESSLER. Tell, höre!

TELL *(kommt zurück).* Was befehlt Ihr, Herr?

GESSLER. Du stecktest
Noch einen zweiten Pfeil zu dir – Ja, ja,
Ich sah es wohl – Was meintest du damit?

TELL *(verlegen).* Herr, das ist also bräuchlich bei den Schützen.

GESSLER. Nein, Tell, die Antwort lass ich dir nicht gelten,
Es wird was anders wohl bedeutet haben.
Sag mir die Wahrheit frisch und fröhlich, Tell,
Was es auch sei, dein Leben sichr[1] ich dir.
Wozu der zweite Pfeil?

TELL. Wohlan, o Herr,
Weil Ihr mich meines Lebens habt gesichert,
So will ich Euch die Wahrheit gründlich sagen.
(Er zieht den Pfeil aus dem Goller und sieht den Landvogt mit einem furchtbaren Blick an.)
Mit diesem zweiten Pfeil durchschoss ich – Euch,
Wenn ich mein liebes Kind getroffen hätte,
Und Eurer – wahrlich! hätt ich nicht gefehlt.

GESSLER. Wohl, Tell! Des Lebens hab ich dich gesichert,
Ich gab mein Ritterwort, das will ich halten –
Doch weil ich deinen bösen Sinn erkannt,
Will ich dich führen lassen und verwahren,

1 *sichr:* sichere

Wo weder Mond noch Sonne dich bescheint,
Damit ich sicher sei vor deinen Pfeilen.
Ergreift ihn, Knechte! Bindet ihn! *(Tell wird gebunden.)*

STAUFFACHER. Wie, Herr?
So könntet Ihr an einem Manne handeln,
An dem sich Gottes Hand sichtbar verkündigt?

GESSLER. Lass sehn, ob sie ihn zweimal retten wird.
– Man bring ihn auf mein Schiff, ich folge nach
Sogleich, ich selbst will ihn nach Küssnacht führen.

RÖSSELMANN. Ihr wollt ihn außer Lands gefangen führen?

LANDLEUTE. Das dürft Ihr nicht, das darf der Kaiser nicht,
Das widerstreitet unsern Freiheitsbriefen!

GESSLER. Wo sind sie? Hat der Kaiser sie bestätigt?
Er hat sie nicht bestätigt – Diese Gunst
Muss erst erworben werden durch Gehorsam.
Rebellen seid ihr alle gegen Kaisers
Gericht und nährt verwegene Empörung.
Ich kenn euch alle – ich durchschau euch ganz –
Den nehm ich jetzt heraus aus eurer Mitte,
Doch alle seid ihr teilhaft seiner Schuld.
Wer klug ist, lerne schweigen und gehorchen.
(Er entfernt sich, Berta, Rudenz, Harras und Knechte folgen, Frießhardt und Leuthold bleiben zurück.)

WALTER FÜRST *(in heftigem Schmerz).*
Es ist vorbei, er hats beschlossen, mich
Mit meinem ganzen Hause zu verderben!

STAUFFACHER *(zum Tell).*
O warum musstet Ihr den Wütrich reizen!

TELL. Bezwinge sich, wer meinen Schmerz gefühlt!

STAUFFACHER. O nun ist alles, alles hin! Mit Euch
Sind wir gefesselt und gebunden!

LANDLEUTE *(umringen den Tell).*
Mit Euch geht unser letzter Trost dahin!

LEUTHOLD *(nähert sich).*
Tell, es erbarmt mich – doch ich muss gehorchen.

TELL. Lebt wohl!

WALTER TELL *(sich mit heftigem Schmerz an ihn schmiegend).*
O Vater! Vater! Lieber Vater!

TELL *(hebt die Arme zum Himmel).*
Dort droben ist dein Vater! den ruf an!

STAUFFACHER. Tell, sag ich Eurem Weibe nichts von Euch?

TELL *(hebt den Knaben mit Inbrunst an seine Brust).*
Der Knab ist unverletzt, mir wird Gott helfen.
(Reißt sich schnell los und folgt den Waffenknechten)

VIERTER AUFZUG

Erste Szene

Östliches Ufer des Vierwaldstättensees

Die seltsam gestalteten schroffen Felsen im Westen schließen den Prospekt. Der See ist bewegt, heftiges Rauschen und Tosen, dazwischen Blitze und Donnerschläge.

Kunz von Gersau. Fischer und Fischerknabe

KUNZ. Ich sahs mit Augen an, Ihr könnt mirs glauben,
's ist alles so geschehn, wie ich Euch sagte.
FISCHER. Der Tell gefangen abgeführt nach Küssnacht,
Der beste Mann im Land, der bravste Arm,
Wenns einmal gelten sollte für die Freiheit.
KUNZ. Der Landvogt führt ihn selbst den See herauf,
Sie waren eben dran, sich einzuschiffen,
Als ich von Flüelen abfuhr, doch der Sturm,
Der eben jetzt im Anzug ist und der
Auch mich gezwungen eilends hier zu landen,
Mag ihre Abfahrt wohl verhindert haben.
FISCHER. Der Tell in Fesseln, in des Vogts Gewalt!
O glaubt, er wird ihn tief genug vergraben,
Dass er des Tages Licht nicht wieder sieht!
Denn fürchten muss er die gerechte Rache
Des freien Mannes, den er schwer gereizt!
KUNZ. Der Altlandammann auch, der edle Herr
Von Attinghausen, sagt man, lieg am Tode.
FISCHER. So bricht der letzte Anker unsrer Hoffnung!
Der war es noch allein, der seine Stimme
Erheben durfte für des Volkes Rechte!
KUNZ. Der Sturm nimmt überhand. Gehabt Euch wohl,
Ich nehme Herberg in dem Dorf, denn heut
Ist doch an keine Abfahrt mehr zu denken. *(Geht ab)*
FISCHER. Der Tell gefangen und der Freiherr tot!
Erheb die freche Stirne, Tyrannei,
Wirf alle Scham hinweg, der Mund der Wahrheit
Ist stumm, das sehnde Auge ist geblendet,
Der Arm, der retten sollte, ist gefesselt!

IV, 1 KNABE. Es hagelt schwer, kommt in die Hütte, Vater,
Es ist nicht kommlich, hier im Freien hausen[1].
FISCHER. Raset, ihr Winde, flammt herab, ihr Blitze,
Ihr Wolken berstet, gießt herunter, Ströme
Des Himmels, und ersäuft das Land! Zerstört
Im Keim die ungeborenen Geschlechter!
Ihr wilden Elemente werdet Herr,
Ihr Bären kommt, ihr alten Wölfe wieder
Der großen Wüste, euch gehört das Land,
Wer wird hier leben wollen ohne Freiheit!
KNABE. Hört, wie der Abgrund tost, der Wirbel brüllt,
So hats noch nie gerast in diesem Schlunde!
FISCHER. Zu zielen auf des eignen Kindes Haupt,
Solches ward keinem Vater noch geboten[2]!
Und die Natur soll nicht in wildem Grimm
Sich drob[3] empören – O mich solls nicht wundern,
Wenn sich die Felsen bücken in den See,
Wenn jene Zacken, jene Eisestürme,
Die nie auftauten seit dem Schöpfungstag,
Von ihren hohen Kulmen[4] niederschmelzen,
Wenn die Berge brechen, wenn die alten Klüfte
Einstürzen, eine zweite Sündflut alle
Wohnstätten der Lebendigen verschlingt!
(Man hört läuten.)
KNABE. Hört Ihr, sie läuten droben auf dem Berg,
Gewiss hat man ein Schiff in Not gesehn
Und zieht die Glocke, dass gebetet werde.
(Steigt auf eine Anhöhe)
FISCHER. Wehe dem Fahrzeug, das jetzt unterwegs,
In dieser furchtbarn Wiege wird gewiegt!
Hier ist das Steuer unnütz und der Steurer,
Der Sturm ist Meister, Wind und Welle spielen
Ball mit dem Menschen – Da ist nah und fern
Kein Busen, der ihm freundlich Schutz gewährte!
Handlos und schroff ansteigend starren ihm
Die Felsen, die unwirtlichen, entgegen
Und weisen ihm nur ihre steinern schroffe Brust.
KNABE *(deutet links).*
Vater, ein Schiff, es kommt von Flüelen her.

1 *Es ist nicht kommlich, hier im Freien hausen.:* Es ist nicht angenehm, sich hier im Freien aufzuhalten.
2 *geboten:* befohlen
3 *drob:* darob, darüber
4 *Kulmen:* Bergkuppen

FISCHER. Gott helf den armen Leuten! Wenn der Sturm
In dieser Wasserkluft sich erst verfangen,
Dann rast er um sich mit des Raubtiers Angst,
Das an des Gitters Eisenstäbe schlägt,
Die Pforte sucht er heulend sich vergebens,
Denn ringsum schränken ihn die Felsen ein,
Die himmelhoch den engen Pass vermauren.
(Er steigt auf die Anhöhe.)

KNABE. Es ist das Herrenschiff von Uri, Vater,
Ich kenns am roten Dach und an der Fahne.

FISCHER. Gerichte Gottes! Ja, er ist es selbst,
Der Landvogt, der da fährt – Dort schifft er hin
Und führt im Schiffe sein Verbrechen mit!
Schnell hat der Arm des Rächers ihn gefunden,
Jetzt kennt er über sich den stärkern Herrn,
Diese Wellen geben nicht[1] auf seine Stimme,
Diese Felsen bücken ihre Häupter nicht
Vor seinem Hute – Knabe, bete nicht,
Greif nicht dem Richter in den Arm!

KNABE. Ich bete für den Landvogt nicht – Ich bete
Für den Tell, der auf dem Schiff sich mit befindet.

FISCHER. O Unvernunft des blinden Elements!
Musst du, um *einen* Schuldigen zu treffen,
Das Schiff mitsamt dem Steuermann verderben!

KNABE. Sieh, sieh, sie waren glücklich schon vorbei
Am *Buggisgrat,* doch die Gewalt des Sturms,
Der von dem *Teufelsmünster* widerprallt,
Wirft sie zum großen *Axenberg* zurück.
– Ich seh sie nicht mehr.

FISCHER. Dort ist das *Hakmesser,*
Wo schon der Schiffe mehrere gebrochen.
Wenn sie nicht weislich dort vorüberlenken,
So wird das Schiff zerschmettert an der Fluh[2],
Die sich gähstotzig[3] absenkt in die Tiefe.
– Sie haben einen guten Steuermann
Am Bord, könnt *einer* retten, wärs der Tell,
Doch dem sind Arm und Hände ja gefesselt.
(Wilhelm Tell mit der Armbrust. Er kommt mit raschen Schritten, blickt erstaunt umher und zeigt die heftigste Bewegung. Wenn er mitten auf der Szene ist, wirft er sich nieder, die Hände zu der Erde und dann zum Himmel ausbreitend.)

1 *geben nicht:* geben nichts
2 *Fluh:* steile Felswand
3 *gähstotzig:* abschüssig

KNABE *(bemerkt ihn).*
Sieh, Vater, wer der Mann ist, der dort kniet?
FISCHER. Er fasst die Erde an mit seinen Händen
Und scheint wie außer sich zu sein.
KNABE *(kommt vorwörts).*
Was seh ich! Vater! Vater, kommt und seht!
FISCHER *(nähert sich).*
Wer ist es? – Gott im Himmel! Was! der Tell?
Wie kommt Ihr hieher? Redet!
KNABE. Wart Ihr nicht
Dort auf dem Schiff gefangen und gebunden?
FISCHER. Ihr wurdet nicht nach Küssnacht abgeführt?
TELL *(steht auf).* Ich bin befreit.
FISCHER UND KNABE. Befreit! O Wunder Gottes!
KNABE. Wo kommt Ihr her?
TELL. Dort aus dem Schiffe.
FISCHER. Was?
KNABE *(zugleich).* Wo ist der Landvogt?
TELL. Auf den Wellen treibt er.
FISCHER. Ists möglich? Aber *Ihr*? Wie seid Ihr hier?
Seid Euren Banden[1] und dem Sturm entkommen?
TELL. Durch Gottes gnädge Fürsehung – Hört an!
FISCHER UND KNABE. O redet, redet!
TELL. Was in Altorf sich
Begeben[2], wisst Ihrs?
FISCHER. Alles weiß ich, redet!
TELL. Dass mich der Landvogt fahren ließ und binden,
Nach seiner Burg zu Küssnacht wollte führen.
FISCHER. Und sich mit Euch zu Flüelen eingeschifft!
Wir wissen alles, sprecht, wie Ihr entkommen?
TELL. Ich lag im Schiff, mit Stricken fest gebunden,
Wehrlos, ein aufgegebner Mann – nicht hofft ich
Das frohe Licht der Sonne mehr zu sehn,
Der Gattin und der Kinder liebes Antlitz,
Und trostlos blickt ich in die Wasserwüste –
FISCHER. O armer Mann!
TELL. So fuhren wir dahin,
Der Vogt, Rudolf der Harras und die Knechte.
Mein Köcher aber mit der Armbrust lag
Am hintern Gransen[3] bei dem Steuerruder.
Und als wir an die Ecke jetzt gelangt

1 *Banden:* Fesseln
2 *sich begeben:* sich ereignet hat
3 *Gransen:* Schiffsschnabel

Beim kleinen Axen, da verhängt' es Gott,
Dass solch ein grausam mördrisch Ungewitter
Gählings herfürbrach[1] aus des Gotthards Schlünden,
Dass allen Ruderern das Herz entsank
Und meinten alle elend zu ertrinken.
Da hört ichs, wie der Diener einer sich
Zum Landvogt wendet' und die Worte sprach:
Ihr sehet Eure Not und unsre, Herr,
Und dass wir all am Rand des Todes schweben –
Die Steuerleute aber wissen sich
Für großer Furcht nicht Rat und sind des Fahrens
Nicht wohl berichtet[2] – Nun aber ist der Tell
Ein starker Mann und weiß ein Schiff zu steuern,
Wie, wenn wir sein jetzt brauchten in der Not?
Da sprach der Vogt zu mir: Tell, wenn du dirs
Getrautest, uns zu helfen aus dem Sturm,
So möcht ich dich der Bande wohl entledgen.
Ich aber sprach: Ja, Herr, mit Gottes Hülfe
Getrau ich mirs und helf uns wohl hiedannen[3].
So ward ich meiner Bande los und stand
Am Steuerruder und fuhr redlich hin.
Doch schielt ich seitwärts, wo mein Schießzeug lag,
Und an dem Ufer merkt ich scharf umher,
Wo sich ein Vorteil auftät zum Entspringen.
Und wie ich eines Felsenriffs gewahre,
Das abgeplattet vorsprang in den See –

FISCHER. Ich kenns, es ist am Fuß des großen Axen,
Doch nicht für möglich acht ichs – so gar steil
Gehts an – vom Schiff es springend abzureichen[4] –

TELL. Schrie ich den Knechten, handlich zuzugehn,
Bis dass wir vor die Felsenplatte kämen,
Dort, rief ich, sei das Ärgste überstanden –
Und als wir sie frisch rudernd bald erreicht,
Fleh ich die Gnade Gottes an und drücke,
Mit allen Leibeskräften angestemmt,
Den hintern Gransen an die Felswand hin –
Jetzt schnell mein Schießzeug fassend, schwing ich selbst
Hochspringend auf die Platte mich hinauf
Und mit gewaltgem Fußstoß hinter mich
Schleudr ich das Schifflein in den Schlund der Wasser –
Dort mags, wie Gott will, auf den Wellen treiben!

1 *herfürbrach:* hervorbrach
2 *Nicht wohl berichtet:* Nicht kundig
3 *hiedannen:* von hier fort
4 *abzureichen:* zu erreichen

So bin ich hier, gerettet aus des Sturms
Gewalt und aus der schlimmeren der Menschen.

FISCHER. Tell, Tell, ein sichtbar Wunder hat der Herr
An Euch getan, kaum glaub ichs meinen Sinnen –
Doch saget! Wo gedenket Ihr jetzt hin,
Denn Sicherheit ist nicht für Euch, wofern
Der Landvogt lebend diesem Sturm entkommt.

TELL. Ich hört ihn sagen, da ich noch im Schiff
Gebunden lag, er woll[1] bei Brunnen landen
Und über Schwyz nach seiner Burg mich führen.

FISCHER. Will er den Weg dahin zu Lande nehmen?

TELL. Er denkts.

FISCHER. O so verbergt Euch ohne Säumen,
Nicht zweimal hilft Euch Gott aus seiner Hand.

TELL. Nennt mir den nächsten Weg nach Arth und Küssnacht.

FISCHER. Die offne Straße zieht sich über Steinen,
Doch einen kürzern Weg und heimlichen
Kann Euch mein Knabe über Lowerz führen.

TELL *(gibt ihm die Hand).*
Gott lohn Euch Eure Guttat. Lebet wohl.
(Geht und kehrt wieder um)
– Habt Ihr nicht auch im Rütli mitgeschworen?
Mir deucht[2], man nannt Euch mir –

FISCHER. Ich war dabei
Und hab den Eid des Bundes mit beschworen.

TELL. So eilt nach Bürglen, tut die Lieb mir an,
Mein Weib verzagt[3] um mich, verkündet ihr,
Dass ich gerettet sei und wohl geborgen.

FISCHER. Doch wohin sag ich ihr, dass Ihr geflohn?

TELL. Ihr werdet meinen Schwäher[4] bei ihr finden
Und andre, die im Rütli mitgeschworen –
Sie sollen wacker sein und gutes Muts,
Der Tell sei *frei* und seines Armes mächtig,
Bald werden sie ein Weitres von mir hören.

FISCHER. Was habt Ihr im Gemüt? Entdeckt mirs frei.

TELL. Ist es *getan,* wirds auch zur Rede kommen. *(Geht ab)*

FISCHER. Zeig ihm den Weg, Jenni – Gott steh ihm bei!
Er führts zum Ziel, was er auch unternommen. *(Geht ab)*

1 *woll:* wolle
2 *mir deucht:* mir scheint
3 *verzagt:* ängstigt sich
4 *Schwäher:* Schwager

Zweite Szene

Edelhof zu Attinghausen

Der Freiherr, in einem Armsessel, sterbend. Walter Fürst, Stauffacher, Melchthal und Baumgarten um ihn beschäftigt. Walter Tell knieend vor dem Sterbenden.

WALTER FÜRST. Es ist vorbei mit ihm, er ist hinüber.
STAUFFACHER. Er liegt nicht wie ein Toter – Seht, die Feder
Auf seinen Lippen regt sich! Ruhig ist
Sein Schlaf und friedlich lächeln seine Züge.
(Baumgarten geht an die Türe und spricht mit jemand.)
WALTER FÜRST *(zu Baumgarten)*. Wer ists?
BAUMGARTEN *(kommt zurück)*. Es ist Frau Hedwig, Eure Tochter,
Sie will Euch sprechen, will den Knaben sehn.
(Walter Tell richtet sich auf.)
WALTER FÜRST. Kann ich sie trösten? Hab ich selber Trost?
Häuft alles Leiden sich auf meinem Haupt?
HEDWIG *(hereindringend)*.
Wo ist mein Kind? Lasst mich, ich muss es sehn –
STAUFFACHER. Fasst Euch, bedenkt, dass Ihr im Haus des Todes –
HEDWIG *(stürzt auf den Knaben)*. Mein Wälty! O er lebt mir.
WALTER TELL *(hängt an ihr)*. Arme Mutter!
HEDWIG. Ists auch gewiss? Bist du mir unverletzt?
(Betrachtet ihn mit ängstlicher Sorgfalt)
Und ist es möglich? Konnt er auf dich zielen?
Wie konnt ers? O er hat kein Herz – Er konnte
Den Pfeil abdrücken auf sein eignes Kind!
WALTER FÜRST. Er tats mit Angst, mit schmerzzerrissner Seele,
Gezwungen tat ers, denn es galt das Leben.
HEDWIG. O hätt er eines Vaters Herz, eh ers
Getan, er wäre tausendmal gestorben!
STAUFFACHER. Ihr solltet Gottes gnädge Schickung[1] preisen,
Die es so gut gelenkt –
HEDWIG. Kann ich vergessen,
Wies hätte kommen *können* – Gott des Himmels!
Und lebt ich achtzig Jahr – Ich seh den Knaben ewig
Gebunden stehn, den Vater auf ihn zielen
Und ewig fliegt der Pfeil mir in das Herz.
MELCHTHAL. Frau, wüsstet Ihr, wie ihn der Vogt gereizt!

1 *Schickung:* Fügung

HEDWIG. O rohes Herz der Männer! Wenn ihr Stolz
Beleidigt wird, dann achten sie nichts mehr,
Sie setzen in der blinden Wut des Spiels
Das Haupt des Kindes und das Herz der Mutter!

BAUMGARTEN. Ist Eures Mannes Los nicht hart genug,
Dass Ihr mit schwerem Tadel ihn noch kränkt?
Für *seine* Leiden habt Ihr kein Gefühl?

HEDWIG *(kehrt sich nach ihm um und sieht ihn mit einem großen Blick an).*
Hast *du* nur Tränen für des Freundes Unglück?
– Wo waret ihr, da man den Trefflichen
In Bande schlug? Wo war *da* eure Hülfe?
Ihr sahet zu, ihr ließt das Grässliche geschehn,
Geduldig littet ihrs, dass man den Freund
Aus eurer Mitte führte – Hat der Tell
Auch so an euch gehandelt? Stand er auch
Bedaurend da, als hinter dir die Reiter
Des Landvogts drangen, als der wütge See
Vor dir erbrauste? Nicht mit müßgen Tränen
Beklagt' er dich, in den Nachen sprang er, Weib
Und Kind vergaß er und befreite dich –

WALTER FÜRST. Was konnten wir zu seiner Rettung wagen,
Die kleine Zahl, die unbewaffnet war!

HEDWIG *(wirft sich an seine Brust).*
O Vater! Und auch du hast ihn verloren!
Das Land, wir alle haben ihn verloren!
Uns allen fehlt er, ach! wir fehlen ihm!
Gott rette seine Seele vor Verzweiflung.
Zu ihm hinab ins öde Burgverlies[1]
Dringt keines Freundes Trost – Wenn er erkrankte!
Ach, in des Kerkers feuchter Finsternis
Muss er erkranken – Wie die Alpenrose
Bleicht und verkümmert in der Sumpfesluft,
So ist für ihn kein Leben als im Licht
Der Sonne, in dem Balsamstrom der Lüfte[2].
Gefangen! Er! Sein Atem ist die Freiheit,
Er kann nicht leben in dem Hauch der Grüfte[3].

STAUFFACHER. Beruhigt Euch. Wir alle wollen handeln
Um seinen Kerker aufzutun.

HEDWIG. Was könnt *ihr* schaffen ohne ihn? – Solang
Der Tell noch frei war, ja, da war noch Hoffnung,
Da hatte noch die Unschuld einen Freund,
Da hatte einen Helfer der Verfolgte,

1 *Burgverlies:* Burggefängnis
2 *Balsamstrom der Lüfte:* Wohlgeruch der Lüfte
3 *Grüfte:* Gräber, Grabkammern

Euch alle rettete der Tell – Ihr alle
Zusammen könnt nicht *seine* Fesseln lösen!
(Der Freiherr erwacht.)

BAUMGARTEN. Er regt sich, still!

ATTINGHAUSEN *(sich aufrichtend).* Wo ist er?

STAUFFACHER. Wer?

ATTINGHAUSEN. Er fehlt mir,
Verlässt mich in dem letzten Augenblick!

STAUFFACHER. Er meint den Junker – Schickte man nach ihm?

WALTER FÜRST. Es ist nach ihm gesendet – Tröstet Euch!
Er hat sein Herz gefunden, er ist unser.

ATTINGHAUSEN. Hat er gesprochen für sein Vaterland?

STAUFFACHER. Mit Heldenkühnheit.

ATTINGHAUSEN. Warum kommt er nicht
Um meinen letzten Segen zu empfangen?
Ich fühle, dass es schleunig mit mir endet.

STAUFFACHER. Nicht also, edler Herr! Der kurze Schlaf
Hat Euch erquickt und hell ist Euer Blick.

ATTINGHAUSEN. Der Schmerz ist Leben, er verließ mich auch,
Das Leiden ist, so wie die Hoffnung, aus.
(Er bemerkt den Knaben.)
Wer ist der Knabe?

WALTER FÜRST. Segnet ihn, o Herr!
Er ist mein Enkel und ist vaterlos.
(Hedwig sinkt mit dem Knaben vor dem Sterbenden nieder.)

ATTINGHAUSEN. Und vaterlos lass ich euch alle, alle
Zurück – Weh mir, dass meine letzten Blicke
Den Untergang des Vaterlands gesehn!
Musst ich des Lebens höchstes Maß erreichen
Um ganz mit allen Hoffnungen zu sterben!

STAUFFACHER *(zu Walter Fürst).*
Soll er in diesem finstern Kummer scheiden?
Erhellen wir ihm nicht die letzte Stunde
Mit schönem Strahl der Hoffnung? – Edler Freiherr!
Erhebet Euren Geist! Wir sind nicht ganz
Verlassen, sind nicht rettungslos verloren.

ATTINGHAUSEN. Wer soll euch retten?

WALTER FÜRST. Wir uns selbst. Vernehmt!
Es haben die drei Lande sich das Wort
Gegeben die Tyrannen zu verjagen.
Geschlossen ist der Bund, ein heilger Schwur
Verbindet uns. Es wird gehandelt werden,
Eh noch das Jahr den neuen Kreis beginnt,
Euer Staub wird ruhn in einem freien Lande.

IV, 2 Attinghausen. O saget mir! Geschlossen ist der Bund?
Melchthal. Am gleichen Tage werden alle drei
Waldstätte sich erheben. Alles ist
Bereit und das Geheimnis wohl bewahrt
Bis jetzt, obgleich viel Hunderte es teilen.
Hohl ist der Boden unter den Tyrannen,
Die Tage ihrer Herrschaft sind gezählt
Und bald ist ihre Spur nicht mehr zu finden.
Attinghausen. Die festen Burgen aber in den Landen?
Melchthal. Sie fallen alle an dem gleichen Tag.
Attinghausen. Und sind die Edeln[1] dieses Bunds teilhaftig?
Stauffacher. Wir harren ihres Beistands, wenn es gilt,
Jetzt aber hat der Landmann nur geschworen.
Attinghausen *(richtet sich langsam in die Höhe, mit großem Erstaunen).*
Hat sich der Landmann solcher Tat verwogen,
Aus eignem Mittel, ohne Hülf der Edeln,
Hat er der eignen Kraft so viel vertraut –
Ja, dann bedarf es unserer nicht mehr,
Getröstet können wir zu Grabe steigen,
Es lebt *nach* uns – durch andre Kräfte will
Das Herrliche der Menschheit sich erhalten.
(Er legt seine Hand auf das Haupt des Kindes, das vor ihm auf den Knien liegt.)
Aus diesem Haupte, wo der Apfel lag,
Wird euch die neue bessre Freiheit grünen,
Das Alte stürzt, es ändert sich die Zeit
Und neues Leben blüht aus den Ruinen.
Stauffacher *(zu Walter Fürst).*
Seht, welcher Glanz sich um sein Aug ergießt!
Das ist nicht das Erlöschen der Natur,
Das ist der Strahl schon eines neuen Lebens.
Attinghausen. Der Adel steigt von seinen alten Burgen
Und schwört den Städten seinen Bürgereid,
Im *Üchtland* schon, im *Thurgau* hats begonnen,
Die edle *Bern*[2] erhebt ihr herrschend Haupt,
Freiburg ist eine sichre Burg der Freien,
Die rege *Zürich*[2] waffnet ihre Zünfte[3]
Zum kriegerischen Heer – es bricht die Macht
Der Könige sich an ihren ewgen Wällen –
*(Er spricht das Folgende mit dem Ton eines Sehers –
seine Rede steigt bis zur Begeisterung.)*

1 *Edeln:* Edlen, Edelleute, Adlige
2 *Die edle Bern […], Die rege Zürich […]:* Gemeint sind die Städte Bern und Zürich.
3 *Zünfte:* Vereinigungen der Handwerker

Die Fürsten seh ich und die edeln Herrn
In Harnischen[1] herangezogen kommen,
Ein harmlos Volk von Hirten zu bekriegen.
Auf Tod und Leben wird gekämpft und herrlich
Wird mancher Pass durch blutige Entscheidung.
Der Landmann stürzt sich mit der nackten Brust,
Ein freies Opfer, in die Schar der Lanzen,
Er bricht sie und des Adels Blüte fällt,
Es hebt die Freiheit siegend ihre Fahne.
(Walter Fürsts und Stauffachers Hände fassend)
Drum haltet fest zusammen – fest und ewig –
Kein Ort der Freiheit sei dem andern fremd –
Hochwachten stellet aus auf euren Bergen,
Dass sich der Bund zum Bunde rasch versammle –
Seid einig – einig – einig –
(Er fällt in das Kissen zurück – seine Hände halten entseelt noch die andern gefasst. Fürst und Stauffacher betrachten ihn noch eine Zeit lang schweigend, dann treten sie hinweg, jeder seinem Schmerz überlassen. Unterdessen sind die Knechte still hereingedrungen, sie nähern sich mit Zeichen eines stillern oder heftigern Schmerzens, einige knien bei ihm nieder und weinen auf seine Hand, während dieser stummen Szene wird die Burgglocke geläutet.)
(Rudenz zu den Vorigen)

RUDENZ *(rasch eintretend).*
Lebt er? O saget, kann er mich noch hören?

WALTER FÜRST *(deutet hin mit weggewandtem Gesicht).*
Ihr seid jetzt unser Lehensherr und Schirmer
Und dieses Schloss hat einen andern Namen.

RUDENZ *(erblickt den Leichnam und steht von heftigem Schmerz ergriffen).*
O gütger Gott! – Kommt meine Reu zu spät?
Konnt er nicht wen'ge Pulse länger leben
Um mein geändert Herz zu sehn?
Verachtet hab ich seine treue Stimme,
Da er noch wandelte im Licht – Er ist
Dahin, ist fort auf immerdar und lässt mir
Die schwere unbezahlte Schuld! – O saget!
Schied er dahin im Unmut gegen mich?

STAUFFACHER. Er hörte sterbend noch, was Ihr getan,
Und segnete den Mut, mit dem Ihr spracht!

RUDENZ *(kniet an dem Toten nieder).*
Ja, heilge Reste eines teuren Mannes!
Entseelter Leichnam! Hier gelob ich dirs
In deine kalte Totenhand – Zerrissen
Hab ich auf ewig alle fremden Bande,

1 *in Harnischen:* in Brustpanzern

Zurückgegeben bin ich meinem Volk,
Ein Schweizer bin ich und ich will es sein –
Von ganzer Seele – – *(Aufstehend)*
Trauert um den Freund,
Den Vater aller, doch verzaget nicht!
Nicht bloß sein Erbe ist mir zugefallen,
Es steigt sein Herz, sein Geist auf mich herab
Und leisten soll euch meine frische Jugend,
Was euch sein greises Alter schuldig blieb.
– Ehrwürdger Vater, gebt mir Eure Hand!
Gebt mir die Eurige! Melchthal, auch Ihr!
Bedenkt Euch nicht! O wendet Euch nicht weg!
Empfanget meinen Schwur und mein Gelübde.

WALTER FÜRST. Gebt ihm die Hand. Sein wiederkehrend Herz
Verdient Vertraun.

MELCHTHAL. Ihr habt den Landmann nichts geachtet[1].
Sprecht, wessen soll man sich zu Euch versehn[2]?

RUDENZ. O denket nicht des Irrtums meiner Jugend!

STAUFFACHER *(zu Melchthal)*.
Seid einig, war das letzte Wort des Vaters,
Gedenket dessen!

MELCHTHAL. Hier ist meine Hand!
Des Bauern Handschlag, edler Herr, ist auch
Ein Manneswort! Was ist der Ritter ohne uns?
Und unser Stand ist älter als der Eure.

RUDENZ. Ich ehr ihn und mein Schwert soll ihn beschützen.

MELCHTHAL. *Der* Arm, Herr Freiherr, der die harte Erde
Sich unterwirft und ihren Schoß befruchtet,
Kann auch des Mannes Brust beschützen.

RUDENZ. Ihr
Sollt *meine* Brust, ich will die *eure* schützen,
So sind wir einer durch den andern stark.
– Doch wozu reden, da das Vaterland
Ein Raub noch ist der fremden Tyrannei?
Wenn erst der Boden rein ist von dem Feind,
Dann wollen wirs in Frieden schon vergleichen[3].
(Nachdem er einen Augenblick innegehalten)
Ihr schweigt? Ihr habt mir nichts zu sagen? Wie?
Verdien ichs noch nicht, dass ihr mir vertraut?
So muss ich wider euren Willen mich
In das Geheimnis eures Bundes drängen.

1 *nichts geachtet:* keine Achtung entgegengebracht
2 *wessen […] versehn?:* was kann man von euch erwarten?
3 *vergleichen:* zu einem Ausgleich kommen

– Ihr habt getagt – geschworen auf dem Rütli –
Ich weiß – weiß alles, was ihr dort verhandelt
Und was mir nicht von euch vertrauet ward,
Ich habs bewahrt gleich wie ein heilig Pfand.
Nie war ich meines Landes Feind, glaubt mir,
Und niemals hätt ich gegen euch gehandelt.
– Doch übel tatet ihr es zu verschieben,
Die Stunde dringt und rascher Tat bedarfs –
Der Tell ward schon das Opfer eures Säumens –

STAUFFACHER. Das Christfest abzuwarten schwuren wir.

RUDENZ. *Ich* war nicht dort, ich hab nicht mitgeschworen.
Wartet ihr ab, ich handle.

MELCHTHAL. Was? Ihr wolltet –

RUDENZ. Des Landes Vätern zähl ich mich jetzt bei
Und meine erste Pflicht ist euch zu schützen.

WALTER FÜRST. Der Erde diesen teuren Staub zu geben
Ist Eure nächste Pflicht und heiligste.

RUDENZ. Wenn wir das Land befreit, dann legen wir
Den frischen Kranz des Siegs ihm auf die Bahre.
– O Freunde! Eure Sache nicht allein,
Ich habe meine eigne auszufechten
Mit dem Tyrannen – Hört und wisst! Verschwunden
Ist meine Berta, heimlich weggeraubt,
Mit kecker Freveltat aus unsrer Mitte!

STAUFFACHER. Solcher Gewalttat hätte der Tyrann
Wider die freie Edle sich verwogen?

RUDENZ. O meine Freunde! Euch versprach ich Hülfe
Und ich zuerst muss sie von euch erflehn.
Geraubt, entrissen ist mir die Geliebte,
Wer weiß, wo sie der Wütende verbirgt,
Welcher Gewalt sie frevelnd sich erkühnen,
Ihr Herz zu zwingen zum verhassten Band!
Verlasst mich nicht, o helft mir sie erretten –
Sie liebt euch, o sie hats verdient ums Land,
Dass alle Arme sich für sie bewaffnen –

WALTER FÜRST. Was wollt Ihr unternehmen?

RUDENZ. Weiß ichs? Ach!
In dieser Nacht, die ihr Geschick umhüllt,
In dieses Zweifels ungeheurer Angst,
Wo ich nichts Festes zu erfassen weiß,
Ist mir nur dieses in der Seele klar:
Unter den Trümmern der Tyrannenmacht
Allein kann sie hervorgegraben werden,

Die Festen alle müssen wir bezwingen,
Ob wir vielleicht in ihren Kerker dringen.

MELCHTHAL. Kommt, führt uns an. Wir folgen Euch. Warum
Bis morgen sparen[1], was wir heut vermögen?
Frei war der Tell, als wir im Rütli schwuren,
Das Ungeheure war noch nicht geschehen.
Es bringt die Zeit ein anderes Gesetz,
Wer ist so feig, der jetzt noch könnte zagen[2]!

RUDENZ *(zu Stauffacher und Walter Fürst).*
Indes bewaffnet und zum Werk bereit
Erwartet ihr der Berge Feuerzeichen,
Denn schneller als ein Botensegel fliegt,
Soll euch die Botschaft unsers Siegs erreichen,
Und seht ihr leuchten die willkommnen Flammen,
Dann auf die Feinde stürzt, wie Wetters Strahl,
Und brecht den Bau der Tyrannei zusammen. *(Gehen ab)*

Dritte Szene

Die hohle Gasse bei Küssnacht

Man steigt von hinten zwischen Felsen herunter und die Wanderer werden, ehe sie auf der Szene erscheinen, schon von der Höhe gesehen. Felsen umschließen die ganze Szene, auf einem der vordersten ist ein Vorsprung mit Gesträuch bewachsen.

TELL *(tritt auf mit der Armbrust).*
Durch diese hohle Gasse muss er kommen,
Es führt kein andrer Weg nach Küssnacht – Hier
Vollend ichs – Die Gelegenheit ist günstig.
Dort der Holunderstrauch verbirgt mich ihm,
Von dort herab kann ihn mein Pfeil erlangen,
Des Weges Enge wehret[3] den Verfolgern.
Mach deine Rechnung mit dem Himmel, Vogt,
Fort musst du, deine Uhr ist abgelaufen.

Ich lebte still und harmlos – Das Geschoss
War auf des Waldes Tiere nur gerichtet,
Meine Gedanken waren rein von Mord –
Du hast aus meinem Frieden mich heraus
Geschreckt, in gärend Drachengift hast du

1 *sparen:* hier: aufsparen
2 *zagen:* zaghaft, ängstlich sein, zögern
3 *wehret den Verfolgern:* hält die Verfolger ab

Die Milch der frommen Denkart mir verwandelt,
Zum Ungeheuren hast du mich gewöhnt –
Wer sich des Kindes Haupt zum Ziele setzte,
Der kann auch treffen in das Herz des Feinds.

Tell musste auf seinen eigenen Sohn schießen

Die armen Kindlein, die unschuldigen,
Das treue Weib muss ich vor deiner Wut
Beschützen, Landvogt – Da, als ich den Bogenstrang
Anzog – als mir die Hand erzitterte –
Als du mit grausam teufelischer Lust
Mich zwangst aufs Haupt des Kindes anzulegen –
Als ich ohnmächtig flehend rang vor dir,
Damals gelobt ich mir in meinem Innern
Mit furchtbarm Eidschwur, den nur Gott gehört,
Dass meines *nächsten* Schusses *erstes* Ziel
Dein Herz sein sollte – Was ich mir gelobt
In jenes Augenblickes Höllenqualen,
Ist eine heilge Schuld, ich will sie zahlen.

die Frau in ständiger Angst

Du bist mein Herr und meines Kaisers Vogt,
Doch nicht der Kaiser hätte sich erlaubt,
Was *du* – Er sandte dich in diese Lande
Um Recht zu sprechen – strenges, denn er zürnet –
Doch nicht um mit der mörderischen Lust
Dich jedes Gräuels straflos zu erfrechen[1],
Es lebt ein Gott zu strafen und zu rächen.

hat dem Land nichts Gutes getan

Komm du hervor, du Bringer bittrer Schmerzen,
Mein teures Kleinod jetzt, mein höchster Schatz –
Ein Ziel will ich dir geben, das bis jetzt
Der frommen Bitte undurchdringlich war –
Doch *dir* soll es nicht widerstehn – Und du,
Vertraute Bogensehne, die so oft
Mir treu gedient hat in der Freude Spielen,
Verlass mich nicht im fürchterlichen Ernst.
Nur jetzt noch halte fest, du treuer Strang,
Der mir so oft den herben Pfeil beflügelt –
Entränn[2] er jetzo kraftlos meinen Händen,
Ich habe keinen zweiten zu versenden.
(Wanderer gehen über die Szene.)
Auf dieser Bank von Stein will ich mich setzen,
Dem Wanderer zur kurzen Ruh bereitet –
Denn hier ist keine Heimat – Jeder treibt

1 *um […] zu erfrechen:* dass du […] jede Grausamkeit straflos begehen kannst
2 *entränn:* entränne (von entrinnen): verließe

Sich an dem andern rasch und fremd vorüber
Und fraget nicht nach seinem Schmerz – Hier geht
Der sorgenvolle Kaufmann und der leicht
Geschürzte Pilger – der andächtge Mönch,
Der düstre Räuber und der heitre Spielmann,
Der Säumer mit dem schwer beladnen Ross,
Der ferne herkommt von der Menschen Ländern,
Denn jede Straße führt ans End der Welt.
Sie alle ziehen ihres Weges fort
An ihr Geschäft – und meines ist der Mord! *(Setzt sich)*

Sonst wenn der Vater auszog, liebe Kinder,
Da war ein Freuen, wenn er wiederkam,
Denn niemals kehrt er heim, er bracht euch etwas,
Wars eine schöne Alpenblume, wars
Ein seltner Vogel oder Ammonshorn[1],
Wie es der Wandrer findet auf den Bergen –
Jetzt geht er einem andern Weidwerk[2] nach,
Am wilden Weg sitzt er mit Mordgedanken,
Des Feindes Leben ists, worauf er lauert.
– Und doch an *euch* nur denkt er, lieben Kinder,

1 *Ammonshorn:* versteinerte Schale einer Schnecke
2 *Weidwerk:* Jagd

Auch jetzt – euch zu verteidgen, eure holde Unschuld
Zu schützen vor der Rache des Tyrannen,
Will er zum Morde jetzt den Bogen spannen! *(Steht auf)*

Ich laure auf ein edles Wild – Lässt sichs
Der Jäger nicht verdrießen, tagelang
Umherzustreifen in des Winters Strenge,
Von Fels zu Fels den Wagesprung zu tun,
Hinanzuklimmen an den glatten Wänden,
Wo er sich anleimt mit dem eignen Blut
– Um ein armselig Grattier[1] zu erjagen.
Hier gilt es einen köstlicheren Preis,
Das Herz des Todfeinds, der mich will verderben.
(Man hört von Ferne eine heitre Musik, welche sich nähert.)

Mein ganzes Leben lang hab ich den Bogen
Gehandhabt, mich geübt nach Schützenregel,
Ich habe oft geschossen in das Schwarze
Und manchen schönen Preis mir heimgebracht
Vom Freudenschießen – Aber heute will ich
Den *Meisterschuss* tun und das Beste mir
Im ganzen Umkreis des Gebirgs gewinnen.
(Eine Hochzeit zieht über die Szene und durch den Hohlweg hinauf. Tell betrachtet sie, auf seinen Bogen gelehnt, Stüssi der Flurschütz[2] gesellt sich zu ihm.)
STÜSSI. Das ist der Klostermeir von Mörlischachen,
Der hier den Brautlauf[3] hält – Ein reicher Mann,
Er hat wohl zehen Senten[4] auf den Alpen.
Die Braut holt er jezt ab zu Imisee
Und diese Nacht wird hoch geschwelgt[5] zu Küssnacht.
Kommt mit! 's ist jeder Biedermann geladen.
TELL. Ein ernster Gast stimmt nicht zum Hochzeithaus.
STÜSSI. Drückt Euch ein Kummer, werft ihn frisch vom Herzen,
Nehmt mit, was kommt, die Zeiten sind jetzt schwer.
Drum muss der Mensch die Freude leicht ergreifen.
Hier wird gefreit[6] und anderswo begraben.
TELL. Und oft kommt gar das eine zu dem andern.
STÜSSI. So geht die Welt nun. Es gibt allerwegen[7]
Unglücks genug – Ein Ruffi[8] ist gegangen

1 *Grattier:* Gemse
2 *Flurschütz:* Feldhüter
3 *Brautlauf:* Hochzeitszug
4 *zehen Senten:* zehn Kuhherden
5 *hoch geschwelgt:* groß gefeiert
6 *gefreit:* geheiratet
7 *allerwegen:* immer, überall
8 *Ruffi:* Erdrutsch

Im Glarner Land und eine ganze Seite
Vom Glärnisch[1] eingesunken.

TELL. Wanken auch
Die Berge selbst? Es steht nichts fest auf Erden.

STÜSSI. Auch anderswo vernimmt man Wunderdinge.
Da sprach ich einen, der von Baden[2] kam.
Ein Ritter wollte zu dem König reiten
Und unterwegs begegnet ihm ein Schwarm
Von Hornissen, die fallen auf sein Ross,
Dass es für Marter[3] tot zu Boden sinkt
Und er zu Fuße ankommt bei dem König.

TELL. Dem Schwachen ist sein Stachel auch gegeben.

(Armgard kommt mit mehreren Kindern und stellt sich an den Eingang des Hohlwegs.)

STÜSSI. Man deutets auf ein großes Landesunglück,
Auf schwere Taten wider die Natur.

TELL. Dergleichen Taten bringet jeder Tag,
Kein Wunderzeichen braucht sie zu verkünden.

STÜSSI. Ja, wohl dem, der sein Feld bestellt in Ruh
Und ungekränkt daheim sitzt bei den Seinen.

TELL. Es kann der Frömmste nicht in Frieden bleiben,
Wenn es dem bösen Nachbar nicht gefällt.

(Tell sieht oft mit unruhiger Erwartung nach der Höhe des Weges.)

STÜSSI. Gehabt Euch wohl – Ihr wartet hier auf jemand?

TELL. Das tu ich.

STÜSSI. Frohe Heimkehr zu den Euren!
– Ihr seid aus Uri? Unser gnädger Herr
Der Landvogt wird noch heut von dort erwartet.

WANDERER *(kommt).*
Den Vogt erwartet heut nicht mehr. Die Wasser
Sind ausgetreten von dem großen Regen
Und alle Brücken hat der Strom zerrissen. *(Tell steht auf.)*

ARMGARD *(kommt vorwärts).* Der Landvogt kommt nicht!

STÜSSI. Sucht Ihr was an ihn?

ARMGARD. Ach freilich!

STÜSSI. Warum stellet Ihr Euch denn
In dieser hohlen Gass ihm in den Weg?

ARMGARD. Hier weicht er mir nicht aus, er muss mich hören.

FRIESSHARDT *(kommt eilfertig den Hohlweg herab und ruft in die Szene).*
Man fahre aus dem Weg – Mein gnädger Herr
Der Landvogt kommt dicht hinter mir geritten.
(Tell geht ab.)

1 *Glärnisch:* Bergname
2 *Baden:* Stadtname
3 *für Marter:* vor Schmerz

ARMGARD *(lebhaft).* Der Landvogt kommt!
(Sie geht mit ihren Kindern nach der vordern Szene. Geßler und Rudolf der Harras zeigen sich zu Pferd auf der Höhe des Wegs.)
STÜSSI *(zum Frießhardt).* Wie kamt ihr durch das Wasser,
Da doch der Strom die Brücken fortgeführt?
FRIESSHARDT. Wir haben mit dem See gefochten, Freund,
Und fürchten uns vor keinem Alpenwasser.
STÜSSI. Ihr wart zu Schiff in dem gewaltgen Sturm?
FRIESSHARDT. Das waren wir. Mein Lebtag denk ich dran –
STÜSSI. O bleibt, erzählt!
FRIESSHARDT. Lasst mich, ich muss voraus,
Den Landvogt muss ich in der Burg verkünden[1]. *(Ab)*
STÜSSI. Wärn gute Leute auf dem Schiff gewesen,
In Grund gesunken wärs mit Mann und Maus,
Dem Volk kann weder Wasser bei noch Feuer[2]. *(Er sieht sich um.)*
Wo kam der Weidmann hin, mit dem ich sprach?
(Geht ab)
(Geßler und Rudolf der Harras zu Pferd)
GESSLER. Sagt, was Ihr wollt, ich bin des Kaisers Diener
Und muss drauf denken, wie ich ihm gefalle.
Er hat mich nicht ins Land geschickt dem Volk
Zu schmeicheln und ihm sanft zu tun – Gehorsam
Erwartet er, der Streit ist, ob der Bauer
Soll Herr sein in dem Lande oder der Kaiser.
ARMGARD. Jetzt ist der Augenblick! Jetzt bring ichs an!
(Nähert sich furchtsam)
GESSLER. Ich hab den Hut nicht aufgesteckt zu Altorf
Des Scherzes wegen oder um die Herzen
Des Volks zu prüfen, diese kenn ich längst.
Ich hab ihn aufgesteckt, dass sie den Nacken
Mir lernen beugen, den sie aufrecht tragen –
Das *Unbequeme* hab ich hingepflanzt
Auf ihren Weg, wo sie vorbeigehn müssen,
Dass sie drauf stoßen mit dem Aug und sich
Erinnern ihres Herrn, den sie vergessen.
RUDOLF DER HARRAS. Das Volk hat aber doch gewisse Rechte –
GESSLER. Die abzuwägen, ist jetzt keine Zeit!
– Weitschichtge Dinge sind im Werk und Werden,
Das Kaiserhaus will wachsen, was der Vater[3]
Glorreich begonnen, will der Sohn[4] vollenden.

1 *verkünden:* ankündigen
2 *Dem Volk […]:* Dem Volk kann weder Wasser noch Feuer beistehen.
3 *Vater:* Gemeint ist Rudolf von Habsburg.
4 *Sohn:* Gemeint ist Albrecht von Habsburg.

Dies kleine Volk ist uns ein Stein im Weg –
So oder so – es muss sich unterwerfen.
(Sie wollen vorüber. Die Frau wirft sich vor dem Landvogt nieder.)

ARMGARD. Barmherzigkeit, Herr Landvogt! Gnade! Gnade!

GESSLER. Was dringt Ihr Euch auf offner Straße mir
In Weg – Zurück!

ARMGARD. Mein Mann liegt im Gefängnis,
Die armen Waisen schrein nach Brot – Habt Mitleid,
Gestrenger Herr, mit unserm großen Elend.

RUDOLF DER HARRAS. Wer seid Ihr? Wer ist Euer Mann?

ARMGARD. Ein armer
Wildheuer[1], guter Herr, vom Rigiberge,
Der überm Abgrund weg das freie Gras
Abmähet von den schroffen Felsenwänden,
Wohin das Vieh sich nicht getraut zu steigen –

RUDOLF DER HARRAS *(zum Landvogt).*
Bei Gott, ein elend und erbärmlich Leben!
Ich bitt Euch, gebt ihn los, den armen Mann,
Was er auch Schweres mag verschuldet haben,
Strafe genug ist sein entsetzlich Handwerk.
(Zu der Frau)
Euch soll Recht werden – Drinnen auf der Burg
Nennt Eure Bitte – Hier ist nicht der Ort.

ARMGARD. Nein, nein, ich weiche nicht von diesem Platz,
Bis mir der Vogt den Mann zurückgegeben!
Schon in den sechsten Mond[2] liegt er im Turm
Und harret auf den Richterspruch vergebens.

GESSLER. Weib, wollt Ihr mir Gewalt antun, hinweg.

ARMGARD. Gerechtigkeit, Landvogt! Du bist der Richter
Im Lande an des Kaisers statt und Gottes.
Tu deine Pflicht! So du Gerechtigkeit
Vom Himmel hoffest, so erzeig sie uns.

GESSLER. Fort, schafft das freche Volk mir aus den Augen.

ARMGARD *(greift in die Zügel des Pferdes).*
Nein, nein, ich habe nichts mehr zu verlieren.
– Du kommst nicht von der Stelle, Vogt, bis du
Mir Recht gesprochen – Falte deine Stirne,
Rolle die Augen, wie du willst – Wir sind
So grenzenlos unglücklich, dass wir nichts
Nach deinem Zorn mehr fragen –

1 *Wildheuer:* sehr arme Leute, die keine Wiesen besitzen
2 *Mond:* Monat

GESSLER. Weib, mach Platz,
Oder mein Ross geht über dich hinweg.
ARMGARD. Lass es über mich dahingehn – Da –
(Sie reißt ihre Kinder zu Boden und wirft sich mit ihnen ihm in den Weg.)
Hier lieg ich
Mit meinen Kindern – Lass die armen Waisen
Von deines Pferdes Huf zertreten werden,
Es ist das Ärgste nicht, was du getan –
RUDOLF DER HARRAS. Weib, seid Ihr rasend?
ARMGARD *(heftiger fortfahrend).* Tratest du doch längst
Das Land des Kaisers unter deine Füße!
– O ich bin nur ein Weib! Wär ich ein Mann,
Ich wüsste wohl was Besseres als hier
Im Staub zu liegen –
(Man hört die vorige Musik wieder auf der Höhe des Wegs, aber gedämpft.)
GESSLER. Wo sind meine Knechte?
Man reiße sie von hinnen oder ich
Vergesse mich und tue, was mich reuet.
RUDOLF DER HARRAS. Die Knechte können nicht hindurch, o Herr,
Der Hohlweg ist gesperrt durch eine Hochzeit.
GESSLER. Ein allzu milder Herrscher bin ich noch
Gegen dies Volk – die Zungen sind noch frei,
Es ist noch nicht ganz, wie es soll, gebändigt –

Doch es soll anders werden, ich gelob es,
Ich will ihn brechen diesen starren Sinn,
Den kecken Geist der Freiheit will ich beugen.
Ein neu Gesetz will ich in diesen Landen
Verkündigen – Ich will –
(Ein Pfeil durchbohrt ihn, er fährt mit der Hand ans Herz und will sinken. Mit matter Stimme)
Gott sei mir gnädig!

RUDOLF DER HARRAS.
Herr Landvogt – Gott was ist das? Woher kam das?

ARMGARD *(auffahrend)*.
Mord! Mord! Er taumelt, sinkt! Er ist getroffen!
Mitten ins Herz hat ihn der Pfeil getroffen!

RUDOLF DER HARRAS *(springt vom Pferde)*.
Welch grässliches Ereignis – Gott – Herr Ritter –
Ruft die Erbarmung Gottes an – Ihr seid
Ein Mann des Todes! –

GESSLER. Das ist Tells Geschoss.
(Ist vom Pferd herab dem Rudolf Harras in die Arme gegleitet[1] *und wird auf der Bank niedergelassen)*

TELL *(erscheint oben auf der Höhe des Felsen)*.
Du kennst den Schützen, suche keinen andern!
Frei sind die Hütten, sicher ist die Unschuld
Vor dir, du wirst dem Lande nicht mehr schaden.
(Verschwindet von der Höhe. Volk stürzt herein.)

STÜSSI *(voran)*. Was gibt es hier? Was hat sich zugetragen?

ARMGARD. Der Landvogt ist von einem Pfeil durchschossen.

VOLK *(im Hereinstürzen)*. Wer ist erschossen?
(Indem die Vordersten von dem Brautzug auf die Szene kommen, sind die Hintersten noch auf der Höhe und die Musik geht fort[2]*)*

RUDOLF DER HARRAS. Er verblutet sich.
Fort, schaffet Hilfe! Setzt dem Mörder nach!
– Verlorner Mann, so muss es mit dir enden,
Doch meine Warnung wolltest du nicht hören!

STÜSSI. Bei Gott! da liegt er bleich und ohne Leben!

VIELE STIMMEN. Wer hat die Tat getan?

RUDOLF DER HARRAS. Rast dieses Volk,
Dass es dem Mord Musik macht? Lasst sie schweigen.
(Musik bricht plötzlich ab, es kommt noch mehr Volk nach.)
Herr Landvogt, redet, wenn Ihr könnt – Habt Ihr
Mir nichts mehr zu vertraun?
(Geßler gibt Zeichen mit der Hand, die er mit Heftigkeit wiederholt,

1 *gegleitet:* geglitten
2 *geht fort:* spielt weiter

da sie nicht gleich verstanden werden.)
Wo soll ich hin?
– Nach Küssnacht? – Ich versteh Euch nicht – O werdet
Nicht ungeduldig – Lasst das Irdische,
Denkt jetzt Euch mit dem Himmel zu versöhnen.
(Die ganze Hochzeitsgesellschaft umsteht den Sterbenden mit einem fühllosen Grausen.)

Stüssi. Sieh, wie er bleich wird – Jetzt, jetzt tritt der Tod
Ihm an das Herz – die Augen sind gebrochen.

Armgard *(hebt ein Kind empor).*
Seht, Kinder, wie ein Wüterich verscheidet!

Rudolf der Harras. Wahnsinnge Weiber, habt ihr kein Gefühl,
Dass ihr den Blick an diesem Schrecknis weidet?
– Helft – Leget Hand an – Steht mir niemand bei,
Den Schmerzenspfeil ihm aus der Brust zu ziehn?

Weiber *(treten zurück).*
Wir ihn berühren, welchen Gott geschlagen!

Rudolf der Harras. Fluch treff euch und Verdammnis!
(Zieht das Schwert)

Stüssi *(fällt ihm in den Arm).* Wagt es, Herr!
Eur Walten hat ein Ende. Der Tyrann
Des Landes ist gefallen. Wir erdulden
Keine Gewalt mehr. Wir sind freie Menschen.

Alle *(tumultuarisch).* Das Land ist frei.

Rudolf der Harras. Ist es dahin gekommen?
Endet die Furcht so schnell und der Gehorsam?
(Zu den Waffenknechten, die hereindringen)
Ihr seht die grausenvolle[1] Tat des Mords,
Die hier geschehen – Hülfe ist umsonst –
Vergeblich ists, dem Mörder nachzusetzen.
Uns drängen andre Sorgen – Auf, nach Küssnacht,
Dass wir dem Kaiser seine Feste retten!
Denn aufgelöst in diesem Augenblick
Sind aller Ordnung, aller Pflichten Bande
Und keines Mannes Treu ist zu vertrauen.
(Indem er mit den Waffenknechten abgeht, erscheinen sechs Barmherzige Brüder[2].)

Armgard. Platz! Platz! Da kommen die Barmherzgen Brüder.

Stüssi. Das Opfer liegt – Die Raben steigen nieder.

1 *grausenvolle:* grauenvolle
2 *Barmherzige Brüder:* Mönche

V, 3 BARMHERZIGE BRÜDER *(schließen einen Halbkreis um den Toten und singen in tiefem Ton).*

Rasch tritt der Tod den Menschen an,
Es ist ihm keine Frist gegeben,
Es stürzt ihn mitten in der Bahn,
Es reißt ihn fort vom vollen Leben,
Bereitet oder nicht, zu gehen,
Er muss vor seinen Richter stehen[1]!

(Indem die letzten Zeilen wiederholt werden, fällt der Vorhang.)

2 *vor seinen Richter stehen:* vor seinen Richter treten

FÜNFTER AUFZUG

Erste Szene

Öffentlicher Platz bei Altorf

Im Hintergrunde rechts die Feste Zwing Uri mit dem noch stehenden Baugerüste wie in der dritten Szene des ersten Aufzugs; links eine Aussicht in viele Berge hinein, auf welchen allen Signalfeuer brennen. Es ist eben Tagesanbruch, Glocken ertönen aus verschiedenen Fernen.

Ruodi, Kuoni, Werni, Meister Steinmetz und viele andre Landleute, auch Weiber und Kinder

RUODI. Seht ihr die Feuersignale auf den Bergen?
STEINMETZ. Hört ihr die Glocken drüben überm Wald?
RUODI. Die Feinde sind verjagt.
STEINMETZ. Die Burgen sind erobert.
RUODI. Und wir im Lande Uri dulden noch
Auf unserm Boden das Tyrannenschloss?
Sind wir die Letzten, die sich frei erklären?
STEINMETZ. Das *Joch* soll stehen[1], das uns zwingen wollte?
Auf, reißt es nieder!
ALLE. Nieder! Nieder ! Nieder!
RUODI. Wo ist der Stier von Uri?
STIER VON URI. Hier. Was soll ich?
RUODI. Steigt auf die Hochwacht, blast in Euer Horn,
Dass es weit schmetternd in die Berge schalle
Und jedes Echo in den Felsenklüften
Aufweckend schnell die Männer des Gebirgs
Zusammenrufe.
(Stier von Uri geht ab. Walter Fürst kommt.)
WALTER FÜRST. Haltet, Freunde! Haltet!
Noch fehlt uns Kunde[2], was in Unterwalden
Und Schwyz geschehen. Lasst uns Boten erst
Erwarten.
RUODI. Was erwarten? Der Tyrann
Ist tot, der Tag der Freiheit ist erschienen.
STEINMETZ. Ists nicht genug an diesen flammenden Boten,
Die ringsherum auf allen Bergen leuchten?

1 *soll stehen:* soll stehen bleiben
2 *Kunde:* Nachricht

V, 1 RUODI. Kommt alle, kommt, legt Hand an, Männer und Weiber!
Brecht das Gerüste! Sprengt die Bogen! Reißt
Die Mauern ein! Kein Stein bleib auf dem andern.
STEINMETZ. Gesellen, kommt! Wir habens aufgebaut,
Wir wissens zu zerstören.
ALLE. Kommt! reißt nieder.
(Sie stürzen sich von allen Seiten auf den Bau.)
WALTER FÜRST. Es ist im Lauf. Ich kann sie nicht mehr halten.
(Melchthal und Baumgarten kommen.)
MELCHTHAL. Was? Steht die Burg noch und Schloss Sarnen liegt
In Asche und der Rossberg ist gebrochen?
WALTER FÜRST.
Seid Ihr es, Melchthal? Bringt Ihr uns die Freiheit?
Sagt! Sind die Lande alle rein vom Feind?
MELCHTHAL *(umarmt ihn).*
Rein ist der Boden. Freut Euch, alter Vater!
In diesem Augenblicke, da wir reden,
Ist kein Tyrann mehr in der Schweizer Land.
WALTER FÜRST. O sprecht, wie wurdet ihr der Burgen mächtig?
MELCHTHAL. Der Rudenz war es, der das Sarner Schloss
Mit männlich kühner Wagetat gewann,
Den Rossberg hatt ich nachts zuvor erstiegen.
– Doch höret, was geschah. Als wir das Schloss
Vom Feind geleert, nun freudig angezündet,
Die Flamme prasselnd schon zum Himmel schlug,
Da stürzt der Diethelm, Geßlers Bub, hervor
Und ruft, dass die Bruneckerin[1] verbrenne.
WALTER FÜRST. Gerechter Gott!
(Man hört die Balken des Gerüstes stürzen.)
MELCHTHAL. Sie war es selbst, war heimlich
Hier eingeschlossen auf des Vogts Geheiß.
Rasend erhub[2] sich Rudenz – denn wir hörten
Die Balken schon, die festen Pfosten stürzen
Und aus dem Rauch hervor den Jammerruf
– Der Unglückseligen.
WALTER FÜRST. Sie ist gerettet?
MELCHTHAL. Da galt Geschwindsein und Entschlossenheit!
– Wär er *nur* unser Edelmann gewesen,
Wir hätten unser Leben wohl geliebt,
Doch er war unser Eidgenoss und Berta
Ehrte das Volk – So setzten wir getrost
Das Leben dran und stürzten in das Feuer.

1 *Bruneckerin:* Berta von Bruneck
2 *erhub:* erhob

WALTER FÜRST. Sie ist gerettet?
MELCHTHAL. Sie ists. Rudenz und ich,
Wir trugen sie selbander[1] aus den Flammen
Und hinter uns fiel krachend das Gebälk.
– Und jetzt, als sie gerettet sich erkannte,
Die Augen aufschlug zu dem Himmelslicht,
Jetzt stürzte mir der Freiherr an das Herz
Und schweigend ward ein Bündnis jetzt beschworen,
Das fest gehärtet in des Feuers Glut
Bestehen wird in allen Schicksalsproben –
WALTER FÜRST. Wo ist der Landenberg?
MELCHTHAL. Über den Brünig[2].
Nicht lags an mir, dass er das Licht der Augen
Davontrug, der den Vater mir geblendet.
Nach jagt ich ihm, erreicht ihn auf der Flucht
Und riss ihn zu den Füßen meines Vaters.
Geschwungen über ihm war schon das Schwert,
Von der Barmherzigkeit des blinden Greises
Erhielt er flehend das Geschenk des Lebens.
Urfehde[3] schwur er nie zurückzukehren,
Er wird sie halten, unsern Arm hat er
Gefühlt.
WALTER FÜRST. Wohl Euch, dass Ihr den reinen Sieg
Mit Blute nicht geschändet!
KINDER *(eilen mit Trümmern des Gerüstes über die Szene).*
Freiheit! Freiheit!
(Das Horn von Uri wird mit Macht geblasen.)
WALTER FÜRST. Seht, welch ein Fest! Des Tages werden sich
Die Kinder spät als Greise noch erinnern.
*(Mädchen bringen den Hut auf einer Stange getragen,
die ganze Szene füllt sich mit Volk an.)*
RUODI. Hier ist der Hut, dem wir uns beugen mussten.
BAUMGARTEN. Gebt uns Bescheid, was damit werden soll.
WALTER FÜRST. Gott! Unter diesem Hute stand mein Enkel!
MEHRERE STIMMEN. Zerstört das Denkmal der Tyrannenmacht!
Ins Feuer mit ihm!
WALTER FÜRST. Nein, lasst ihn aufbewahren!
Der Tyrannei musst er zum Werkzeug dienen,
Er soll der Freiheit ewig Zeichen sein!
*(Die Landleute, Männer, Weiber und Kinder stehen
und sitzen auf den Balken des zerbrochenen Gerüstes
malerisch gruppiert in einem großen Halbkreis umher.)*

1 *selbander:* zu zweit
2 *Brünig:* Gebirgspass
3 *Urfehde:* Eid, mit dem man schwört auf Rache zu verzichten

MELCHTHAL. So stehen wir nun fröhlich auf den Trümmern
Der Tyrannei und herrlich ists erfüllt,
Was wir im Rütli schwuren, Eidgenossen.
WALTER FÜRST. Das Werk ist angefangen, nicht vollendet.
Jetzt ist uns Mut und feste Eintracht Not[1],
Denn seid gewiss, nicht säumen[2] wird der König
Den Tod zu rächen seines Vogts und den
Vertriebnen mit Gewalt zurückzuführen.
MELCHTHAL. Er zieh heran mit seiner Heeresmacht,
Ist aus dem Innern doch der Feind verjagt,
Dem Feind von außen wollen wir begegnen.
RUODI. Nur wen'ge Pässe öffnen ihm das Land,
Die wollen wir mit unsern Leibern decken.
BAUMGARTEN. Wir sind vereinigt durch ein ewig Band
Und seine Heere sollen uns nicht schrecken!
(Rösselmann und Stauffacher kommen.)
RÖSSELMANN *(im Eintreten).*
Das sind des Himmels furchtbare Gerichte.
LANDLEUTE. Was gibts?
RÖSSELMANN. In welchen Zeiten leben wir!

1 *Jetzt ist […] Not:* Jetzt brauchen wir Mut und feste Eintracht
2 *säumen:* zögern

WALTER FÜRST.
Sagt an, was ist es? – Ha, seid Ihrs, Herr Werner?
Was bringt Ihr uns?
LANDLEUTE. Was gibts?
RÖSSELMANN. Hört und erstaunet!
STAUFFACHER. Von einer großen Furcht sind wir befreit –
RÖSSELMANN. Der Kaiser[1] ist ermordet.
WALTER FÜRST. Gnädger Gott!
(Landleute machen einen Aufstand und umdrängen den Stauffacher.)
ALLE. Ermordet! Was! Der Kaiser! Hört! Der Kaiser!
MELCHTHAL. Nicht möglich! Woher kam Euch diese Kunde?
STAUFFACHER. Es ist gewiss. Bei Bruck fiel König Albrecht
Durch Mörders Hand – ein glaubenswerter[2] Mann,
Johannes Müller, bracht es von Schaffhausen.
WALTER FÜRST. Wer wagte solche grauenvolle Tat?
STAUFFACHER. Sie wird noch grauenvoller durch den Täter.
Es war sein Neffe, seines Bruders Kind,
Herzog Johann von Schwaben, ders vollbrachte.
MELCHTHAL. Was trieb ihn zu der Tat des Vatermords[3]?
STAUFFACHER. Der Kaiser hielt das väterliche Erbe
Dem ungeduldig Mahnenden zurück,
Es hieß, er denk ihn ganz darum zu kürzen[4],
Mit einem Bischofshut ihn abzufinden.
Wie dem auch sei – der Jüngling öffnete
Der Waffenfreunde bösem Rat sein Ohr
Und mit den edeln Herrn von *Eschenbach,*
Von *Tegerfelden,* von der *Wart* und *Palm*
Beschloss er, da er Recht nicht konnte finden,
Sich Rach zu holen mit der eignen Hand.
WALTER FÜRST. O sprecht, wie ward das Grässliche vollendet?
STAUFFACHER. Der König ritt herab vom Stein[5] zu Baden,
Gen Rheinfeld, wo die Hofstatt war, zu ziehn,
Mit ihm die Fürsten, *Hans* und *Leopold,*
Und ein Gefolge hochgeborner Herren.
Und als sie kamen an die *Reuß,* wo man
Auf einer Fähre sich lässt übersetzen,
Da drängten sich die Mörder in das Schiff,
Dass sie den Kaiser vom Gefolge trennten.
Drauf, als der Fürst durch ein geackert Feld

1 *Kaiser:* König Albrecht von Österreich ist Kaiser des Heiligen Römischen Reichs Deutscher Nation.
2 *glaubenswerter:* glaubwürdiger
3 *Vatermord:* Verwandtenmord
4 *er denk […] zu kürzen:* er überlege es ganz zu kürzen
5 *Stein:* Name einer Burg, die Sitz der Habsburger ist

Hinreitet – eine alte große Stadt
Soll drunter liegen aus der Heiden Zeit –
Die alte Feste Habsburg im Gesicht,
Wo seines Stammes Hoheit ausgegangen –
Stößt Herzog Hans den Dolch ihm in die Kehle,
Rudolf von Palm durchrennt ihn mit dem Speer
Und Eschenbach zerspaltet ihm das Haupt,
Dass er heruntersinkt in seinem Blut,
Gemordet von den Seinen, *auf* dem Seinen.
Am andern Ufer sahen sie die Tat,
Doch durch den Strom geschieden, konnten sie
Nur ein ohnmächtig Wehgeschrei erheben;
Am Wege aber saß ein armes Weib,
In ihrem Schoß verblutete der Kaiser.

MELCHTHAL. So hat er nur sein frühes Grab gegraben,
Der unersättlich alles wollte haben!

STAUFFACHER. Ein ungeheurer Schrecken ist im Land umher,
Gesperrt sind alle Pässe des Gebirgs,
Jedweder Stand verwahret seine Grenzen,
Die alte Zürich selbst schloss ihre Tore,
Die dreißig Jahr lang offen standen, zu,
Die Mörder fürchtend und noch mehr – die Rächer.
Denn mit des Bannes Fluch bewaffnet, kommt
Der Ungarn Königin, die strenge Agnes,
Die nicht die Milde kennet ihres zarten
Geschlechts, des Vaters königliches Blut
Zu rächen an der Mörder ganzem Stamm,
An ihren Knechten, Kindern, Kindeskindern,
Ja an den Steinen ihrer Schlösser selbst.
Geschworen hat sie ganze Zeugungen[1]
Hinabzusenden in des Vaters Grab,
In Blut sich wie in Maientau zu baden.

MELCHTHAL. Weiß man, wo sich die Mörder hingeflüchtet?

STAUFFACHER. Sie flohen alsbald nach vollbrachter Tat
Auf fünf verschiednen Straßen auseinander
Und trennten sich um nie sich mehr zu sehn –
Herzog Johann soll irren im Gebirge.

WALTER FÜRST. So trägt die Untat ihnen keine Frucht!
Rache trägt keine Frucht! Sich selbst ist sie
Die fürchterliche Nahrung, ihr Genuss
Ist Mord und ihre Sättigung das Grausen.

STAUFFACHER. Den Mördern bringt die Untat nicht Gewinn,
Wir aber brechen mit der reinen Hand

1 *Zeugungen:* Geschlechter

Des blutgen Frevels segenvolle Frucht.
Denn einer großen Furcht sind wir entledigt,
Gefallen ist der Freiheit größter Feind
Und wie verlautet, wird das Szepter gehn
Aus Habsburgs Haus zu einem andern Stamm,
Das Reich will seine Wahlfreiheit behaupten.
WALTER FÜRST UND MEHRERE. Vernahmt Ihr was?
STAUFFACHER. Der Graf von Luxemburg
Ist von den mehrsten[1] Stimmen schon bezeichnet.
WALTER FÜRST. Wohl uns, dass wir beim Reiche treu gehalten,
Jetzt ist zu hoffen auf Gerechtigkeit!
STAUFFACHER. Dem neuen Herrn tun tapfre Freunde Not,
Er wird uns schirmen gegen Östreichs Rache.
(Die Landleute umarmen einander.)
(Sigrist mit einem Reichsboten)
SIGRIST. Hier sind des Landes würdge Oberhäupter.
RÖSSELMANN UND MEHRERE. Sigrist, was gibts?
SIGRIST. Ein Reichsbot bringt dies Schreiben.
ALLE *(zu Walter Fürst)*. Erbrecht und leset.
WALTER FÜRST *(liest)* „Den bescheidnen Männern
Von Uri, Schwyz und Unterwalden bietet
Die Königin Elsbet[2] Gnad und alles Gutes."
VIELE STIMMEN. Was will die Königin? Ihr Reich ist aus.
WALTER FÜRST *(liest)*.
„In ihrem großen Schmerz und Witwenleid,
Worein der blutge Hinscheid ihres Herrn
Die Königin versetzt, gedenkt sie noch
Der alten Treu und Lieb der Schwyzerlande."
MELCHTHAL. In ihrem Glück hat sie das nie getan.
RÖSSELMANN. Still! Lasset hören!
WALTER FÜRST *(liest)*.
„Und sie versieht sich[3] zu dem treuen Volk,
Dass es gerechten Abscheu werde tragen
Vor den verfluchten Tätern dieser Tat.
Darum erwartet sie von den drei Landen,
Dass sie den Mördern nimmer Vorschub tun,
Vielmehr getreulich dazu helfen werden,
Sie auszuliefern in des Rächers Hand,
Der Lieb gedenkend und der alten Gunst,
Die sie von Rudolfs Fürstenhaus empfangen."
(Zeichen des Unwillens unter den Landleuten)

1 *mehrsten:* meisten
2 *Königin Elsbet:* die Frau des ermordeten Königs
3 *versieht sich:* erwartet

VIELE STIMMEN. Der Lieb und Gunst!
STAUFFACHER. Wir haben Gunst empfangen von dem Vater,
Doch wessen rühmen wir uns von dem Sohn?
Hat er den Brief der Freiheit uns bestätigt,
Wie *vor* ihm alle Kaiser doch getan?
Hat er gerichtet nach gerechtem Spruch
Und der bedrängten Unschuld Schutz verliehn?
Hat er auch nur die Boten wollen hören,
Die wir in unsrer Angst zu ihm gesendet?
Nicht eins von diesem allen hat der König
An uns getan, und hätten wir nicht selbst
Uns Recht verschafft mit eigner mutger Hand,
Ihn rührte unsre Not nicht an – Ihm Dank?
Nicht Dank hat er gesät in diesen Tälern.
Er stand auf einem hohen Platz, er konnte
Ein Vater seiner Völker sein, doch ihm
Gefiel es, nur zu sorgen für die Seinen,
Die er gemehrt hat, mögen um ihn weinen!
WALTER FÜRST. Wir wollen nicht frohlocken seines Falls,
Nicht des empfangnen Bösen *jetzt* gedenken,
Fern seis von uns! Doch, dass wir *rächen* sollten
Des Königs Tod, der nie uns Gutes tat,
Und die verfolgen, die uns nie betrübten,
Das ziemt uns nicht und will uns nicht gebühren,
Die Liebe will ein freies Opfer sein,
Der Tod entbindet von erzwungnen Pflichten,
– Ihm haben wir nichts weiter zu entrichten.
MELCHTHAL. Und weint die Königin in ihrer Kammer
Und klagt ihr wilder Schmerz den Himmel an,
So seht ihr hier ein angstbefreites Volk
Zu eben diesem Himmel dankend flehen –
Wer Tränen ernten will, muss Liebe säen.
(Reichsbote geht ab.)
STAUFFACHER *(zu dem Volk)*.
Wo ist der Tell? Soll *er* allein uns fehlen,
Der unsrer Freiheit Stifter ist? Das Größte
Hat *er* getan, das Härteste erduldet.
Kommt alle, kommt, nach seinem Haus zu wallen,
Und rufet Heil dem Retter von uns allen. *(Alle gehen ab.)*

Zweite Szene

Tells Hausflur
Ein Feuer brennt auf dem Herd. Die offen stehende Türe zeigt ins Freie.

Hedwig. Walter und Wilhelm

HEDWIG. Heut kommt der Vater. Kinder, liebe Kinder!
Er lebt, ist frei und wir sind frei und alles!
Und euer Vater ists, ders Land gerettet.
WALTER. Und ich bin auch dabei gewesen, Mutter!
Mich muss man auch mit nennen. Vaters Pfeil
Ging mir am Leben hart vorbei und ich
Hab nicht gezittert.
HEDWIG *(umarmt ihn).* Ja, du bist mir wieder
Gegeben! Zweimal hab ich dich geboren!
Zweimal litt ich den Mutterschmerz um dich!
Es ist vorbei – Ich hab euch beide, beide!
Und heute kommt der liebe Vater wieder!
(Ein Mönch erscheint an der Haustüre.)
WILHELM. Sieh, Mutter, sieh – dort steht ein frommer Bruder,
Gewiss wird er um eine Gabe flehn.
HEDWIG. Führ ihn herein, damit wir ihn erquicken,
Er fühlts, dass er ins Freudenhaus gekommen.
(Geht hinein und kommt bald mit einem Becher wieder)
WILHELM *(zum Mönch).*
Kommt, guter Mann. Die Mutter will Euch laben[1].
WALTER. Kommt, ruht Euch aus und geht gestärkt von dannen.
MÖNCH *(scheu umherblickend, mit zerstörten Zügen).*
Wo bin ich? Saget an, in welchem Lande?
WALTER. Seid Ihr verirret, dass Ihr das nicht wisst?
Ihr seid zu Bürglen, Herr, im Lande Uri,
Wo man hineingeht in das Schächental.
MÖNCH *(zur Hedwig, welche zurückkommt).*
Seid Ihr allein? Ist Euer Herr zu Hause?
HEDWIG. Ich erwart ihn eben – doch was ist Euch, Mann?
Ihr seht nicht aus, als ob Ihr Gutes brächtet.
– Wer Ihr auch seid, Ihr seid bedürftig, nehmt!
(Reicht ihm den Becher)
MÖNCH. Wie auch mein lechzend Herz nach Labung schmachtet,
Nichts rühr ich an, bis Ihr mir zugesagt –
HEDWIG. Berührt mein Kleid nicht, tretet mir nicht nah,
Bleibt ferne stehn, wenn ich Euch hören soll.

1 *laben:* bewirten

MÖNCH. Bei diesem Feuer, das hier gastlich lodert,
Bei Eurer Kinder teurem Haupt, das ich
Umfasse – *(Ergreift die Knaben)*
HEDWIG. Mann, was sinnet Ihr? Zurück
Von meinen Kindern!– Ihr seid kein Mönch! Ihr seid
Es nicht! Der Friede wohnt in diesem Kleide,
In Euren Zügen wohnt der Friede nicht.
MÖNCH. Ich bin der unglückseligste der Menschen.
HEDWIG. Das Unglück spricht gewaltig zu dem Herzen,
Doch Euer Blick schnürt mir das Innre zu.
WALTER *(aufspringend)*.
Mutter, der Vater! *(Eilt hinaus)*
HEDWIG. O mein Gott!
(Will nach, zittert und hält sich an)
WILHELM *(eilt nach)*. Der Vater!
WALTER *(draußen)*. Da bist du wieder!
WILHELM *(draußen)*. Vater, lieber Vater!
TELL. *(draußen)*.
Da bin ich wieder – Wo ist eure Mutter?
(Treten herein)
WALTER. Da steht sie an der Tür und kann nicht weiter,
So zittert sie vor Schrecken und vor Freude.
TELL. O Hedwig, Hedwig! Mutter meiner Kinder!
Gott hat geholfen – Uns trennt kein Tyrann mehr.
HEDWIG *(an seinem Halse)*.
O Tell! Tell! Welche Angst litt ich um dich!
(Mönch wird aufmerksam.)
TELL. Vergiss sie jetzt und lebe nur der Freude!
Da bin ich wieder! Das ist meine Hütte!
Ich stehe wieder auf dem Meinigen!
WILHELM. Wo aber hast du deine Armbrust, Vater?
Ich seh sie nicht.
TELL. Du wirst sie nie mehr sehn.
An heilger Stätte ist sie aufbewahrt,
Sie wird hinfort zu keiner Jagd mehr dienen.
HEDWIG. O Tell! Tell! *(Tritt zurück, lässt seine Hand los)*
TELL. Was erschreckt dich, liebes Weib?
HEDWIG. Wie – *wie* kommst du mir wieder? – Diese Hand
– Darf ich sie fassen? – Diese Hand – O Gott!
TELL *(herzlich und mutig)*.
Hat euch verteidigt und das Land gerettet,
Ich darf sie frei hinauf zum Himmel heben.
(Mönch macht eine rasche Bewegung, er erblickt ihn.)
Wer ist der Bruder hier?

HEDWIG. Ach, ich vergaß ihn!
Sprich du mit ihm, mir graut in seiner Nähe.
MÖNCH *(tritt näher).* Seid Ihr der Tell, durch den der Landvogt fiel?
TELL. Der bin ich, ich verberg es keinem Menschen.
MÖNCH. Ihr seid der Tell! Ach, es ist Gottes Hand,
Die unter Euer Dach mich hat geführt.
TELL *(misst ihn mit den Augen).*
Ihr seid kein Mönch! Wer seid Ihr?
MÖNCH. Ihr erschlugt
Den Landvogt, der Euch Böses tat – Auch ich
Hab einen Feind erschlagen, der mir Recht
Versagte – Er war Euer Feind wie meiner –
Ich hab das Land von ihm befreit.
TELL *(zurückfahrend).* Ihr seid –
Entsetzen! – Kinder! Kinder geht hinein.
Geh, liebes Weib! Geh! Geh! – Unglücklicher,
Ihr wäret –
HEDWIG. Gott, wer ist es?
TELL. Frage nicht!
Fort! Fort! Die Kinder dürfen es nicht hören.
Geh aus dem Hause – Weit hinweg – Du darfst
Nicht unter *einem* Dach mit diesem wohnen.
HEDWIG. Weh mir, was ist das? Kommt!
(Geht mit den Kindern)
TELL *(zu dem Mönch).* Ihr seid der Herzog
Von Österreich – Ihr seids! Ihr habt den Kaiser
Erschlagen, Euern Ohm[1] und Herrn.
JOHANNES PARRICIDA. Er war
Der Räuber meines Erbes.
TELL. Euern Ohm
Erschlagen, Euern Kaiser! Und Euch trägt
Die Erde noch! Euch leuchtet noch die Sonne!
PARRICIDA. Tell, hört mich, eh Ihr –
TELL. Von dem Blute triefend
Des Vatermordes und des Kaisermords,
Wagst du zu treten in mein reines Haus,
Du wagsts, dein Antlitz einem guten Menschen
Zu zeigen und das Gastrecht zu begehren?
PARRICIDA. Bei Euch hofft ich Barmherzigkeit zu finden,
Auch Ihr nahmt Rach an Euerm Feind.
TELL. Unglücklicher!
Darfst du der Ehrsucht blutge Schuld vermengen
Mit der gerechten Notwehr eines Vaters?

1 *Ohm:* Onkel

V, 2 Hast du der Kinder liebes Haupt verteidigt?
Des Herdes Heiligtum beschützt? das Schrecklichste,
Das Letzte von den Deinen abgewehrt?
– Zum Himmel heb ich meine reinen Hände,
Verfluche dich und deine Tat – Gerächt
Hab ich die heilige Natur[1], die *du*
Geschändet – Nichts teil ich mit dir – Gemordet
Hast *du*, ich hab mein Teuerstes verteidigt.

PARRICIDA.
Ihr stoßt mich von Euch, trostlos, in Verzweiflung?

TELL. Mich fasst ein Grausen, da ich mit dir rede.
Fort! Wandle deine fürchterliche Straße,
Lass rein die Hütte, wo die Unschuld wohnt.

PARRICIDA *(wendet sich zu gehen).*
So *kann* ich und so *will* ich nicht mehr leben!

TELL. Und doch erbarmt mich deiner – Gott des Himmels!
So jung, von solchem adeligen Stamm,
Der Enkel Rudolfs, meines Herrn und Kaisers,
Als Mörder flüchtig, hier an meiner Schwelle,
Des armen Mannes, flehend und verzweifelnd –
(Verhüllt sich das Gesicht)

PARRICIDA. O, wenn Ihr weinen könnt, lasst mein Geschick
Euch jammern, es ist fürchterlich – Ich bin
Ein Fürst – ich *wars* – ich konnte glücklich werden,
Wenn ich der Wünsche Ungeduld bezwang.
Der Neid zernagte mir das Herz – Ich sah
Die Jugend meines Vetters Leopold
Gekrönt mit Ehre und mit Land belohnt
Und mich, der gleiches Alters mit ihm war,
In sklavischer Unmündigkeit gehalten –

TELL. Unglücklicher, wohl kannte dich dein Ohm,
Da er dir Land und Leute weigerte!
Du selbst mit rascher, wilder Wahnsinnstat
Rechtfertigst furchtbar seinen weisen Schluss.
– Wo sind die blutgen Helfer deines Mords?

PARRICIDA. Wohin die Rachegeister sie geführt,
Ich sah sie seit der Unglückstat nicht wieder.

TELL. Weißt du, dass dich die Acht[2] verfolgt, dass du
Dem Freund verboten und dem Feind erlaubt?

PARRICIDA. Darum vermeid ich alle offne Straßen,
An keine Hütte wag ich anzupochen –
Der Wüste[3] kehr ich meine Schritte zu,

1 *die heilige Natur:* die natürlichen Rechte
2 *Acht:* Erklärung völliger Rechtlosigkeit
3 *Wüste:* Wildnis, Einsamkeit

Mein eignes Schrecknis[1], irr ich durch die Berge
Und fahre schaudernd vor mir selbst zurück,
Zeigt mir ein Bach mein unglückselig Bild.
O wenn Ihr Mitleid fühlt und Menschlichkeit –
(Fällt vor ihm nieder)

TELL *(abgewendet).* Steht auf! Steht auf!

PARRICIDA. Nicht, bis Ihr mir die Hand gereicht zur Hülfe.

TELL. Kann ich Euch helfen? Kanns ein Mensch der Sünde?
Doch stehet auf – Was Ihr auch Grässliches
Verübt – Ihr seid ein Mensch – Ich bin es auch –
Vom Tell soll keiner ungetröstet scheiden –
Was ich vermag, das will ich tun.

PARRICIDA *(aufspringend und seine Hand mit Heftigkeit ergreifend).*
O Tell!
Ihr rettet meine Seele von Verzweiflung.

TELL. Lasst meine Hand los – Ihr müsst fort. Hier könnt
Ihr unentdeckt nicht bleiben, könnt entdeckt
Auf Schutz nicht rechnen – Wo gedenkt Ihr hin?
Wo hofft Ihr Ruh zu finden?

PARRICIDA. Weiß ichs? Ach!

TELL. Hört, was mir Gott ins Herz gibt – Ihr müsst fort

1 *mein eignes Schrecknis:* mir selbst ein Schrecken

Ins Land Italien, nach Sankt Peters Stadt[1],
Dort werft Ihr Euch dem Papst zu Füßen, beichtet
Ihm Eure Schuld und löset Eure Seele.
PARRICIDA. Wird er mich nicht dem Rächer überliefern?
TELL. Was er Euch tut, das nehmet an von Gott.
PARRICIDA. Wie komm ich in das unbekannte Land?
Ich bin des Wegs nicht kundig, wage nicht
Zu Wanderern die Schritte zu gesellen.
TELL. Den Weg will ich Euch nennen, merket wohl!
Ihr steigt hinauf, dem Strom der *Reuß* entgegen,
Die wildes Laufes von dem Berge stürzt –
PARRICIDA *(erschrickt).*
Seh ich die Reuß? Sie floss bei meiner Tat.
TELL. Am Abgrund geht der Weg und viele *Kreuze*
Bezeichnen ihn, errichtet zum Gedächtnis
Der Wanderer, die die Lawin begraben.
PARRICIDA. Ich fürchte nicht die Schrecken der Natur,
Wenn ich des Herzens wilde Qualen zähme.
TELL. Vor jedem Kreuze fallet hin und büßet
Mit heißen Reuetränen Eure Schuld –
Und seid Ihr glücklich durch die Schreckensstraße,
Sendet der Berg nicht seine Windeswehen[2],
Auf Euch herab von dem beeisten Joch[3],
So kommt Ihr auf die *Brücke,* welche *stäubet*[4].
Wenn sie nicht einbricht unter Eurer Schuld,
Wenn Ihr sie glücklich hinter Euch gelassen,
So reißt ein schwarzes *Felsentor* sich auf,
Kein Tag hats noch erhellt – da geht Ihr durch,
Es führt Euch in ein heitres *Tal* der Freude –
Doch schnellen Schritts müsst Ihr vorübereilen,
Ihr dürft nicht weilen, wo die Ruhe wohnt.
PARRICIDA. O Rudolf! Rudolf! Königlicher Ahn!
So zieht dein Enkel ein auf deines Reiches Boden!
TELL. So immer steigend kommt Ihr auf die Höhen
Des *Gotthards,* wo die ewgen *Seen* sind,
Die von des Himmels Strömen selbst sich füllen.
Dort nehmt Ihr Abschied von der deutschen Erde
Und muntern Laufs führt Euch ein andrer Strom
Ins Land Italien hinab, Euch das gelobte –
(Man hört den Kuhreihen von vielen Alphörnern geblasen.)
Ich höre Stimmen. Fort!

1 *Sankt Peters Stadt:* Rom
2 *Windeswehen:* Staublawinen
3 *Joch:* Bergrücken
4 *stäubet:* „Staub“ des aufschäumenden Wassers

HEDWIG *(eilt herein).* Wo bist du, Tell?
Der Vater kommt! Es nahn in frohem Zug
Die Eidgenossen alle –
PARRICIDA *(verhüllt sich).* Wehe mir!
Ich darf nicht weilen bei den Glücklichen.
TELL. Geh, liebes Weib. Erfrische diesen Mann,
Belad ihn reich mit Gaben, denn sein Weg
Ist weit und keine Herberg findet er.
Eile! Sie nahn.
HEDWIG. Wer ist es?
TELL. Forsche nicht!
Und wenn er geht, so wende deine Augen,
Dass sie nicht sehen, welchen Weg er wandelt!

(Parricida geht auf den Tell zu mit einer raschen Bewegung, dieser aber bedeutet ihn mit der Hand und geht. Wenn beide zu verschiedenen Seiten abgegangen, verändert sich der Schauplatz, und man sieht in der

Letzten Szene

den ganzen Talgrund vor Tells Wohnung, nebst den Anhöhen, welche ihn einschließen, mit Landleuten besetzt, welche sich zu einem Ganzen gruppieren. Andre kommen über einen hohen Steg, der über den Schächen führt, gezogen. Walter Fürst mit den beiden Knaben, Melchthal und Stauffacher kommen vorwärts, andre drängen nach; wie Tell heraustritt, empfangen ihn alle mit lautem Frohlocken.)

ALLE. Es lebe Tell! der Schütz und der Erretter!
(Indem sich die vordersten um den Tell drängen und ihn umarmen, erscheinen noch Rudenz und Berta, jener die Landleute, diese die Hedwig umarmend. Die Musik vom Berge begleitet diese stumme Szene. Wenn sie geendigt, tritt Berta in die Mitte des Volks.)
BERTA. Landleute! Eidgenossen! Nehmt mich auf
In euern Bund, die erste Glückliche,
Die Schutz gefunden in der Freiheit Land.
In eure tapfre Hand leg ich mein Recht,
Wollt ihr als eure Bürgerin mich schützen?
LANDLEUTE. Das wollen wir mit Gut und Blut.
BERTA. Wohlan!
So reich ich diesem Jüngling meine Rechte,
Die freie Schweizerin dem freien Mann!
RUDENZ. Und frei erklär ich alle meine Knechte.
(Indem die Musik von neuem rasch einfällt, fällt der Vorhang.)

M 1 Aufruf an die Juden in Bialystok (16. 8. 1943)

„Juden! Man führt Euch nach Treblinka[1]! Sie werden uns mit Gas wie toll gewordene Hunde vergiften und uns dann in Öfen verbrennen. Wir wollen nicht wie Schafe zum Abschlachten gehen!

Wenn wir auch zu schwach sind unser Leben zu verteidigen, so sind wir doch kräftig genug um für unsere jüdische Ehre und menschliche Würde zu kämpfen und der Welt zu zeigen, dass wir, obwohl gefesselt, uns doch nicht ergeben haben. Geht nicht freiwillig in den Tod! Kämpft um Euer Leben bis zum letzten Atemzug! Begrüßt unsere Henker mit Zähnen und Klauen, mit Axt und Messer, mit Salzsäure und Eisenstangen. Möge der Feind mit Blut für Blut, mit Tod für Tod bezahlen. Jüdische Jugend! Möge Dir das Beispiel und die Tradition vieler Generationen von jüdischen Kämpfern … als Vorbild dienen. Geh auf die Straße hinaus und kämpfe! … In den Wald, zu den Partisanen! … Waffen kannst Du von jedem Deutschen im Getto[2] erbeuten. Sei stark!“

Aus: Friedrich Schiller: Wilhelm Tell. Programmheft Nr. 44, hrsg. vom Burgtheater Wien 1989, S. 40

1 *Treblinka:* Vernichtungslager im Südosten von Warschau. Dort wurden in den Jahren 1942 bis 1944 über 90 000 Menschen, ganz überwiegend Juden, getötet. 1943 fand ein Aufstand von etwa 1 000 Häftlingen statt.

2 *Getto (auch Ghetto):* ein von den Behörden bestimmtes Wohnviertel für Juden. Die Nationalsozialisten errichteten während des Zweiten Weltkriegs vor allem in polnischen Großstädten Ghettos und zwangen die Juden in ihnen zu wohnen.

M 2 „Pflastersteine“

Aus: Friedrich Schiller: Wilhelm Tell. Programmheft Nr. 44, a.a.O.

M 3 *Wilhelm Tell* im Dritten Reich

Geheim

Der Reichsminister
und Chef der Reichskanzlei
RK. 890 Ag
Berlin, den 12. Dezember 1941
z. Zt. Führer-Hauptquartier

An den
Herrn Reichsminister für
Wissenschaft, Erziehung und Volksbildung
Betrifft: Schauspiel *Wilhelm Tell*
Auf das Schreiben vom 8. November 1941
– E III a 495 g/41 (a) –

Nach dem Wunsche des Führers soll das Schauspiel *Wilhelm Tell* als Lehrstoff in den Schulen nicht mehr behandelt werden. Eine sofortige Entfernung der dem Schauspiel *Wilhelm Tell* entnommenen Kernsprüche und Lieder aus den im Gebrauch befindlichen oder jetzt noch im Buchhandel vorhandenen Lese- oder Geschichtsbüchern hält der Führer aus technischen Gründen nicht für möglich, auch nicht für notwendig. Bei Neuauflagen von Schulbüchern oder bei der Herausgabe neuer Schulbücher sollen aber derartige Kernsprüche und Lieder aus *Wilhelm Tell* nicht mehr aufgenommen werden.

Abschrift dieses Schreibens habe ich dem Chef der Kanzlei des Führers der NSDAP übersandt.

Dr. Lammers

Aus: Joseph Wulf: Theater und Film im Dritten Reich. Gütersloh 1964, S. 188

M 4 Feldzeichen sind zu grüßen (1933)

Feldzeichen sind zu grüßen

Gestern Abend um 6 Uhr hatte Sturm 4/J. 11, der älteste Sturm der Standarte J. 11, sowie der Feriensturm des Sturmbannes IV/J.11 in der Wolffstraße Aufstellung genommen um das Feldzeichen der Standarte J.11 in die neue Dienststelle einzuholen. Unter Vorantritt des Spielmannszuges I/J.11 marschierten die beiden Stürme, Standartenführer Wolf und Sturmbannführer Burk mit ihren Adjutanten und Stäben an der Spitze, durch die Biegenstraße, Lahntor und Reitgasse zum Marktplatz. Dort nahmen die beiden Stürme, mit der Front zum Rathaus, Aufstellung. [...]

Die Marburger Bevölkerung hatte sich wie üblich in äußerst zahlreicher Menge zu der Überführung eingefunden und nahm daran regen Anteil. Besonders in der Wolffstraße und auf dem Marktplatz standen die Menschen Kopf an Kopf, aber auch in den Straßen standen viele, die sich den seltenen Anblick der Standarte der Marburger SA nicht entgehen lassen wollten. Bei dieser Gelegenheit muss noch einmal darauf hingewiesen werden,

dass jeder das Feldzeichen zu grüßen

hat, entweder durch Abnehmen der Kopfbedeckung oder mit dem Deutschen Gruß. Wer glaubt dies nicht nötig zu haben, soll sich in eine Ecke verdrücken und sich schämen. Die SA wird das nächste Mal, wenn das Feldzeichen gezeigt wird, zu beiden Seiten der Straße Streifen gehen lassen, die jedem, der dem Feldzeichen den Gruß verweigert, in gebührender Form klarmachen werden, dass dies zum Mindesten eine Ungehörigkeit ist. [...]

Aus: Oberhessische Zeitung vom 3. 10. 1933

M 5 I. Aufzug, 2. Szene – Fassung der Peymann-Inszenierung am Wiener Burgtheater 1989

ZWEITE SZENE

Zu Steinen in Schwyz. ~~Eine Linde vor des~~ Stauffachers Hau~~se an der Landstraße, nächst der Brücke.~~

~~Werner Stauffacher, Pfeifer von Luzern kommen im Gespräch.~~

PFEIFER Ja, ja, Herr Stauffacher, wie ich Euch sagte,
Schwört nicht zu Östreich, wenn Ihr's könnt vermeiden.
Haltet fest am Reich und wacker, wie bisher,
Gott schirme Euch bei Eurer alten Freiheit!
(Drückt ihm herzlich die Hand und will gehen.)

STAUFFACHER
Bleibt doch, bis meine Wirtin kommt – Ihr seid
Mein Gast zu Schwyz, ich in Luzern der Eure.

PFEIFER Viel Dank! Muß heute Gersau noch erreichen.
– Was Ihr auch Schweres mögt zu leiden haben
Von Eurer Vögte Geiz und Übermut,
Tragt's in Geduld! Es kann sich ändern, schnell,
Ein andrer Kaiser kann ans Reich gelangen.
Seid Ihr erst Österreichs, seid Ihr's auf immer.
(Er geht ab. Stauffacher setzt sich kummervoll auf eine Bank unter der Linde. So findet ihn Gertrud, seine Frau, die sich neben ihn stellt ~~und ihn eine Zeitlang schweigend betrachtet.~~)

GERTRUD
~~So ernst, mein Freund?~~ Ich kenne dich nicht mehr.
~~Schon~~ So viele Tage seh ich's schweigend an,
Wie ~~finstrer~~ Trübsinn deine Stirne furcht,
~~Auf deinem Herzen drückt ein still Gebresten,~~
Vertrau es mir, ich bin dein ~~treues~~ Weib,
Und meine Hälfte fordr' ich deines Grams.
(Stauffacher reicht ihr die Hand und schweigt.)
Was kann dein Herz beklemmen, sag es mir.
Gesegnet ist dein Fleiß, ~~dein Glücksstand blüht~~,
Voll sind die Scheunen, und ~~der~~ die Rinder ~~Scharen,~~
~~Der glatten Pferde wohlgenährte Zucht~~
~~Ist~~ sind von den Bergen glücklich heimgebracht
Zur Winterung in den bequemen Ställen.
– Da steht dein Haus, reich, wie ein Edelsitz,

~~Von schönem Stammholz ist es neu gezimmert~~
Und nach dem Richtmaß ordentlich gefügt;
Von vielen Fenstern glänzt es wohnlich, hell,
Mit bunten Wappenschildern ist's bemalt
Und weisen Sprüchen, die der Wandersmann
~~Verweilend liest und ihren Sinn bewundert.~~

STAUFFACHER
Ja, Wohl steht das Haus ~~gezimmert und gefügt~~,
Doch ach – es wankt der Grund, auf den wir bauten.

GERTRUD Mein Werner, sage, wie verstehst du das?

STAUFFACHER Vor ~~dieser Linde~~ unserm Haus saß ich jüngst, ~~wie heut~~,
~~Das schön Vollbrachte freudig überdenkend,~~
Da kam ~~daher~~ von Küßnacht, seiner Burg,
Der Vogt mit seinen Reisigen ~~geritten~~ vorbei.
Vor ~~diesem~~ unserm Hause hielt er wundernd an,
Doch ich erhub mich schnell, und unterwürfig,
Wie sich's gebührt, trat ich dem Herrn entgegen,
Der uns des Kaisers richterliche Macht
Vorstellt im Lande. „Wessen ist dies Haus?"
Fragt' er bösmeinend, denn er wußt' es wohl.
~~Doch~~ schnell besonnen ich entgegn' ihm so:
„Dies Haus, Herr Vogt, ist meines Herrn des Kaisers
Und Eures und mein Leben" – Da versetzt' er:
„Ich bin Regent im Land an Kaisers Statt
Und will nicht, daß der Bauer Häuser baue
Auf seine eigne Hand und also frei
Hinleb', als ob er Herr wär' in dem Lande,
Ich werd mich unterstehn, Euch das zu wehren."
Dies sagend ritt er trutziglich von dannen,
Ich aber blieb mit kummervoller Seele,
Das Wort bedenkend, das der Böse sprach.

GERTRUD ~~Mein lieber Herr und Ehewirt!~~ Magst du
Ein redlich Wort von deinem Weib vernehmen?
~~Des edeln Ibergs Tochter rühm ich mich,~~
Des vielerfahrnen Manns. Wir Schwestern saßen,
Die Wolle spinnend, in den langen Nächten,
Wenn bei dem Vater sich des Volkes Häupter
Versammelten, die Pergamente lasen
Der alten Kaiser, und des Landes Wohl
Bedachten in vernünftigem Gespräch.
Aufmerkend hört' ich da manch kluges Wort,
Was der Verständ'ge denkt, der Gute wünscht,
~~Und still im Herzen hab ich mir's bewahrt.~~
So höre denn und acht auf meine Rede,
Denn was dich preßte, sieh, das wußt' ich längst.

– Dir grollt der Landvogt, möchte gern dir schaden,
Denn du bist ihm ein Hindernis, daß sich
Der Schwyzer nicht dem neuen Fürstenhaus
Will unterwerfen, sondern treu und fest
Beim Reich beharren, wie die ~~würdigen~~
Alt~~vordern~~en es gehalten und getan. –
Ist's nicht so, Werner? Sag es, wenn ich lüge!
STAUFFACHER So ist's, das ist des Geßlers Groll auf mich.
GERTRUD Er ist dir neidisch, weil du glücklich wohnst,
Ein freier Mann auf deinem eignen Erb',
– Denn *er* hat keins. Vom Kaiser selbst und Reich
Trägst du dies Haus zu Lehn; du darfst es zeigen,
~~So gut der Reichsfürst seine Länder zeigt~~,
Denn über dir ~~erkennst du~~ keinen Herrn
~~Als nur den Höchsten in der Christenheit~~ –
Er ist ein jüngrer Sohn nur seines Hauses,
Nichts nennt er sein ~~als seinen Rittermantel~~,
Drum sieht er jedes ~~Biedermannes~~ anderen Glück
Mit scheelen Augen ~~gift'ger Mißgunst~~ an.

Dir hat er längst den Untergang geschworen –
Noch stehst du unversehrt – Willst du erwarten,
Bis er die böse Lust an dir gebüßt?
Der kluge Mann baut vor.
STAUFFACHER Was ist zu tun!
GERTRUD *(tritt näher).*
~~So~~ höre meinen Rat! Du weißt, wie hier
Zu Schwyz sich alle Redlichen beklagen
Ob dieses Landvogts Geiz und Wüterei.
So zweifle nicht, daß sie dort drüben auch
In Unterwalden und im Urner Land
Des ~~Dranges~~ Druckes müd sind und des harten Jochs –
Denn, wie der Geßler hier, so schafft es frech
Der Landenberger drüben überm See –
Es kommt kein Fischerkahn zu uns herüber,
Der nicht ein neues Unheil und Gewalt-
Beginnen von den Vögten uns verkündet
Drum tät' es gut, daß ~~eurer etliche~~ alle,
Die's redlich meinen, still zu Rate gingen,
Wie man des Drucks sich möcht' erledigen;
So ~~acht~~ glaub ich ~~wohl~~, Gott würd' euch nicht verlassen
Und der gerechten Sache gnädig sein –
Hast du in Uri keinen ~~Gast~~freund, ~~sprich~~,
Dem du ~~dein Herz magst redlich~~ dich offenbaren kannst?

Aus: Friedrich Schiller: Wilhelm Tell. Programmheft Nr. 44, a.a.O., S. 49–55

M 6 Franz Mehring: Wilhelm Tell

[…] Ein schweizerisches Volk, wie es Schiller in seinem Drama schildert, hat es nie gegeben. Die Urschweizer des dreizehnten und vierzehnten Jahrhunderts hatten sich in der Abgeschiedenheit ihrer Berge ihre alte Markgenossenschaft bewahrt, aus der sie die kriegerische Kraft schöpften, die sie ihren Nachbarn furchtbar machte, den Habsburgern und nicht minder der Kirche, zu deren gläubigen Gliedern sie selbst zählten. Der historische Stauffacher befehligte die Schwyzer am 6. Januar 1314 bei einem barbarischen[1] Überfalle des Klosters Einsiedeln, über den der Schulmeister von Einsiedeln schrieb: Der Satan selbst beseelt dies Volk. Sicherlich werden die Urkantone auch durch räuberische Eingriffe kirchlicher und weltlicher Machthaber in ihre Markgenossenschaften gereizt worden sein, aber sie waren mindestens ebenso sehr die Angreifenden wie die Angegriffenen und nie haben sie daran gedacht, sich unter das Joch habsburgischer Landvögte zu beugen. Sie waren ein gefürchtetes Kriegsvolk, das nicht müde wurde die Nachbargebiete zu plündern. Daneben verkauften sie sich als Söldnertruppen an den aufkommenden modernen Absolutismus[2] in Italien und namentlich auch in Frankreich, dessen Despoten[3] sie durch die Jahrhunderte gegen bar Geld ihr Blut und ihr Mark verhandelt haben, sei es nun im fünfzehnten Jahrhundert gegen feudale Ritterheere in den Burgunderkriegen, sei es im achtzehnten Jahrhundert gegen den revolutionären Sturm des Pariser Volkes.

Es hat nie einen Rütlischwur, nie einen Tell, nie einen Landvogt Geßler gegeben und der historische Stauffacher war ungefähr der denkbar schroffste Gegensatz zu dem Stauffacher Schillers. Hätte es sich um echte Legenden[4] gehandelt, so hätte ein Dramatiker von Schillers Seherblick wohl ihren historischen Kern herauszuschälen vermocht, aber da alle diese Geschichten gar keinen historischen Kern enthielten, sondern eben von den schweizerischen Chronisten[5] erfunden worden waren um den wirklichen und ja freilich wenig schmeichelhaften Verlauf der schweizerischen Geschichte zu verdecken und zu verdunkeln, so war der Dichter an sie gebunden, gebunden in dem wörtlichen Sinne, dass diese zum Teil recht misslungenen Erfindungen sein dramatisches Schaffen fesselten.

[…]

[In der Rütliszene heißt es:]

WALTER FÜRST:
Abtreiben wollen wir verhassten Zwang,
Die alten Rechte, wie wir sie ererbt
Von unsern Vätern, wollen wir bewahren,
Nicht ungezügelt nach dem Neuen greifen.
Dem Kaiser bleibe, was des Kaisers ist,
Wer einen Herrn hat, dien' ihm pflichtgemäß.
MEIER: Ich trage Gut von Österreich zu Lehn.
WALTER FÜRST: Ihr fahret fort Östreich die Pflicht zu leisten.

1 *barbarisch:* grausam
2 *Absolutismus:* Herrschaftsform, bei der ein Monarch ohne Einschränkung regieren kann
3 *Despot:* Gewaltherrscher
4 *Legende:* Erzählung mit christlichem oder frommem Inhalt
5 *Chronist:* Geschichtsschreiber

Jost von Weiler: Ich steure an die Herrn von Rappersweil.
Walter Fürst: Ihr fahret fort zu zinsen und zu steuern.
Rösselmann: Der großen Frau zu Zürich bin ich vereidet.
Walter Fürst: Ihr gebt dem Kloster, was des Klosters ist.

Unverhüllter ließ sich gar nicht gegen die größte Errungenschaft der Französischen Revolution protestieren, die Emanzipation[6] der bäuerlichen Bevölkerung von allen feudalen Diensten und Lasten[7]. Und das Unbehagen, das der Dichter dabei empfindet, tritt nur noch deutlicher hervor, wenn er am Schlusse seines Dramas den Junker Rudenz alle seine Knechte für frei erklären lässt, was ein Junker des dreizehnten und vierzehnten Jahrhunderts nicht tun konnte und ein Junker des achtzehnten und neunzehnten Jahrhunderts niemals getan hat.

Schiller ist geradezu ängstlich bemüht die schweizerische Erhebung gegen das Haus Habsburg jedes politischen und sozialen Charakters zu entkleiden. Obgleich die Schweizer unter sich, vom Junker bis zum Leibeigenen, ein Herz und eine Seele sind, denken sie an keinen gemeinsamen Aufstand gegen ihre Unterdrücker; erst muss jeder Einzelne in seinen persönlichsten Interessen verletzt werden, ehe sie zu dem für sie schweren Entschlusse kommen: sich zum Sturz der Tyrannen zu verbinden. Dem einen muss erst sein Weib vergewaltigt, dem andern der Vater geblendet werden, der Dritte muss mit Vertreibung von Haus und Hof geschreckt, der Vierte von seiner Braut mit Entziehung ihrer Gunst bedroht, der Fünfte gezwungen werden den Apfel vom Haupt seines Kindes zu schießen, ehe sie sich zu männlichem Entschluss aufraffen. Diese Scheu des Dichters vor der politischen Revolution wirkt nun ungünstig auf seine dramatische Gestaltungskraft ein. Die Landvögte sind mehr oder minder Theaterbösewichte, die Eidgenossen mehr oder minder Philister[8].

In erster Reihe gilt beides vom Landvogt Geßler und von Wilhelm Tell. Jener tobt vollkommen sinnlos, dieser aber hat gar kein Herz für die gemeine Not[9], sosehr er sonst dem Einzelnen ein opferbereiter Helfer sein mag; in der Apfelschussszene demütigt er sich vor dem Landvogt weit über die Grenze hinaus, die einem tapferen Mann gezogen ist; die Reverenz[10] vor dem Hute, die im ersten Aufzuge als eine Schmach bezeichnet wird, der kein Ehrenmann sich bequemen könne, will Tell nur aus Unbedacht unterlassen haben; er bittet den „lieben Herrn" um Verzeihung:

Wär' ich besonnen, hieß' ich nicht der Tell,
ich bitt' um Gnad', es soll nicht mehr begegnen.

Das sagt Tell, noch ehe der Landvogt das grausame Ansinnen an ihn gestellt hat den Apfel vom Haupt seines Knaben zu schießen, und auch die Führer der Verschworenen vom Rütli zeigen sich in dieser Szene keineswegs auf der Höhe; Stauffacher und selbst der junge Hitzkopf Melchtal geraten in die höchste sittliche Entrüstung darüber, dass Tell die oberherrliche Gewalt des Landvogts verachtet haben sollte, indem er dem Hut nicht Reverenz erwies.

[...] das Drama zerfällt in drei Stücke, die beiden ersten Akte, die in der Rütliszene gipfeln, den zweiten und dritten Akt, in denen sich der Kampf zwischen dem

6 *Emanzipation:* Gleichstellung, Gleichberechtigung, Befreiung
7 *feudale Dienste und Lasten:* Leistungen der Bauern an die Adligen in Form von Geld, Naturalien und Dienstleistungen
8 *Philister:* Spießbürger
9 *gemeine Not:* gewöhnliche Not
10 *Reverenz:* Ehrerbietung

Landvogt und Tell abspielt, und endlich den fünften Akt, der seinen Schwerpunkt in der Parricida-Szene hat. Ist diese Szene überhaupt ein entbehrliches und selbst ein unerquickliches Anhängsel, so hat Schiller zwischen den beiden ersten Teilen des Dramas doch eine organische Verbindung herzustellen gewusst ohne freilich ganz die Schwierigkeiten zu heben, die in der undramatischen Natur des Stoffes lagen.

In den beiden ersten Aufzügen mit ihrer breiten Anlage sehen wir, wie die furchtbare Not, die jeden Einzelnen bedroht, alle zusammenführt und sie in der Rütliszene sich zur Masse zusammenballen lässt, die den vernichtenden Stoß auf den Feind führen kann; sie sind die wahren Erretter des Landes, nicht der Einzelne, der sich trotzig absondert, weil der Starke am mächtigsten allein sei. Tell kann nur das Signal zur befreienden Tat geben, nicht aber sie selbst vollziehen. Mit weisem Bedacht lässt Schiller seinen Helden nicht mit auf dem Rütli tagen und nicht in dem fragwürdigen Monologe, durch den Tell sein Gewissen beschwichtigt, ehe er auf den Landvogt schießt, ist dies Drama mit den großen Befreiungskämpfen der Menschheit für und für verbunden, sondern in dem herrlichen Bekenntnis der Männer von Rütli, worin das Freiheitspathos des Dichters noch einmal aufflammt, leuchtender denn je:

Nein, eine Grenze hat Tyrannenmacht,
wenn der Gedrückte nirgends Recht kann finden,
wenn unerträglich wird die Last – greift er
hinauf getrosten Mutes in den Himmel
und holt herunter seine ewgen Rechte,
die droben hangen unveräußerlich
und unzerbrechlich wie die Sterne selbst –
Der alte Urstand der Natur kehrt wieder,
wo Mensch dem Menschen gegenübersteht –
Zum letzten Mittel, wenn kein andres mehr
verfangen will, ist ihm das Schwert gegeben –

Mit Recht sagt ein bürgerlicher Denker von diesem Bekenntnis, es entstamme nicht der tragischen Dialektik[11] der Leidenschaften, sondern sei einfache, echt philosophische Wahrheit, die zu allen Zeiten gelte und auf soziale Verhältnisse nicht minder anwendbar sei als auf politische. Es ist das Recht der Revolution, das Recht der Unterdrückten, sich zu helfen, wie sie können und wollen, wenn das Joch[12] der Unterdrücker unerträglich wird, und mit diesen wunderbaren Versen hat Schiller allen Revolutionen die dichterische Weihe gegeben, nicht nur des vierzehnten, sondern auch des achtzehnten, neunzehnten und zwanzigsten Jahrhunderts. [...]

Aus: Franz Mehring: Wilhelm Tell. – In: F. M.: Gesammelte Schriften, Bd. 10, Berlin: Dietz [4]1982, S. 256 ff.

1. *Welche Themen werden von F. Mehring angesprochen?*
   Formuliert Überschriften. Dabei solltet ihr prüfen, ob sich mehrere Absätze unter einer Überschrift zusammenfassen lassen, sodass ihr möglichst mit drei bis fünf Überschriften auskommt!

11 *tragische Dialektik:* ergreifender Widerspruch
12 *Joch:* Geschirr zum Einspannen von Ochsen; (übertragen:) Zwang, Unterdrückung

2. *Was lobt, was kritisiert F. Mehring am* Wilhelm Tell? *Legt eine Übersicht nach folgendem Muster an:*

F. Mehring beurteilt als

negativ	*positiv*

3. *Wie beurteilt F. Mehring die Figur Wilhelm Tell?*
4. *Zu welchem abschließenden Urteil über das Schauspiel kommt er? Wie begründet er sein Urteil?*

M 7 Die Schweizer Eidgenossenschaft

Keimzellen des heutigen Staates Schweiz waren die Bauernsiedlungen Uri, Schwyz und Unterwalden am Ufer des Vierwaldstätter Sees und an den Zugängen zum Gotthard-Pass. Durch ihre geografische Lage befanden sie sich in überlappenden Interessenzonen des deutschen Kaiserreichs, des Fürstenhauses Habsburg-Österreich und, in geringerem Ausmaß, des Herzogtums Savoyen. Der staufische Kaiser Friedrich II. hatte 1231/40 den Bauerngemeinden („Waldstätten") Uri und Schwyz die Reichsunmittelbarkeit verliehen, was Unabhängigkeit von jeder anderen Fürstenherrschaft bedeutete.

Gegen die im 13. Jahrhundert zunehmende territoriale Machtausdehnung Habsburgs schlossen sich 1291 **Uri, Schwyz und Unterwalden** (die drei „**Urkantone**") zu einem „ewigen Bund" zusammen um ihre Unabhängigkeit zu verteidigen. Aus diesem Bundesschwur leitet sich die Bezeichnung Eidgenossenschaft ab.

Nach der Schlacht bei Morgarten (1315), in der es den „Eidgenossen" gelang, dem Habsburger Ritterheer eine empfindliche Niederlage zuzufügen, scheiterten auch alle weiteren habsburgischen Versuche zur Einverleibung der Kantonsgebiete. Im 14. Jahrhundert wurde der Bund um weitere fünf Freistaaten (Luzern, Zürich, Glarus, Zug, Bern) erweitert. Aus dem gemeinsamen Interesse an der Verteidigung der Unabhängigkeit entwickelte sich allmählich ein über die örtlichen Bindungen hinausgehendes Zusammengehörigkeitsgefühl als Basis für ein nationales Bewusstsein. 1513 umfasste die Eidgenossenschaft 13 Mitglieder. Zu diesem Zeitpunkt hatte sich die Bundesgemeinschaft nach etlichen Kämpfen gegen kaiserliche Heere auch schon weitgehend vom deutschen Kaiserreich abgetrennt.

Die endgültige Bestätigung ihrer Unabhängigkeit vom Reich erfolgte aber erst mit der Neuordnung Europas nach dem Dreißigjährigen Krieg im Westfälischen Frieden 1648.

Die literarische Figur des Wilhelm Tell ist in der Schweizer Nationalgeschichte eine sagenhafte Gestalt, die historisch nicht nachgewiesen werden konnte. Die Tell-Sage spielte jedoch in der eidgenössischen Befreiungstradition, die sich seit dem späten 15. Jahrhundert herausbildete, eine wichtige Rolle. In diese Zeit fällt auch die Übertragung des ursprünglichen Einzelkantonnamens „Schwyz" auf den Gesamtverband der Schweizer.

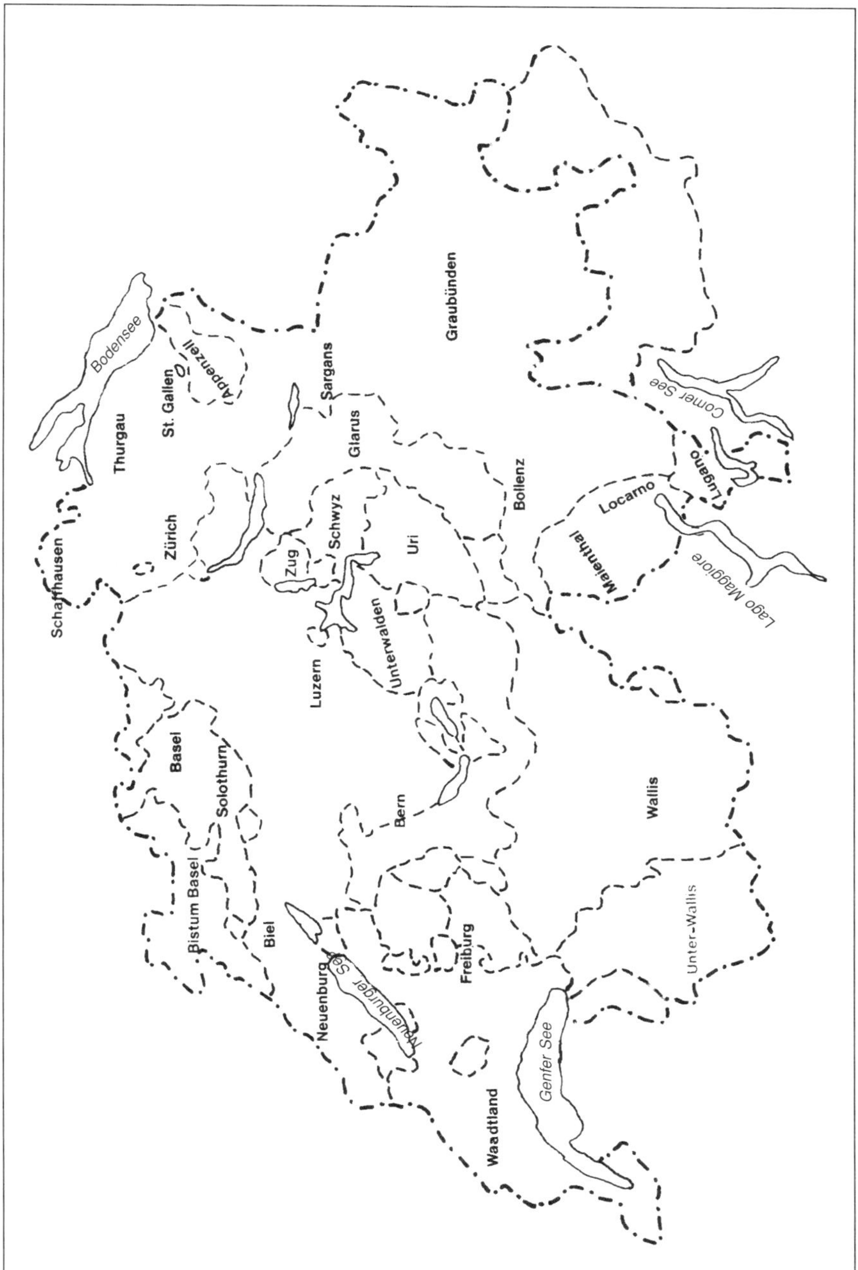
Bodensee
Appenzell
St. Gallen
Thurgau
Sargans
Graubünden
Schaffhausen
Zürich
Glarus
Zug
Schwyz
Uri
Bollenz
Locarno
Lugano
Comer See
Maienthal
Lago Maggiore
Unterwalden
Luzern
Basel
Solothurn
Bern
Wallis
Bistum Basel
Biel
Neuenburg
Neuenburger See
Freiburg
Unter-Wallis
Genfer See
Waadtland

ALLGEMEINE HINWEISE FÜR DEN UMGANG MIT DRAMEN

Begriffserklärungen zum Drama

Akt ist ein in sich abgeschlossener, deutlich abgesetzter Hauptabschnitt im Drama. Häufig fällt nach jedem Akt auf der Bühne der Vorhang.

Antagonist Gegenspieler zur Hauptfigur (Protagonist). Viele moderne Dramen verzichten auf ein eindeutiges Spieler-Gegenspieler-Verhältnis.

Auftritt (auch: Szene) ist eine Unterteilung des Aktes. – Äußerlich wird er in der Regel durch das Abtreten einer bisher anwesenden Person und das Auftreten einer neuen begrenzt. Szenenwechsel bedeutet oft auch eine Wendung der Handlung.

Aufzug → Akt.

Beiseitesprechen Eine Person spricht in offener Szene so, dass die Worte nur für das Publikum bestimmt sind. Die anderen Personen auf der Bühne hören dies scheinbar nicht.

Botenbericht Ereignisse, die für den Fortgang der Handlung wichtig, die aber nicht oder nur schwer auf der Bühne darstellbar sind, werden durch einen Boten (oder eine andere Person) verkündet bzw. berichtet.

Dialog Wechselgespräch zwischen zwei oder mehreren Personen.

Drama Eine der drei Grundformen der Dichtung. (Die beiden anderen Grundformen sind Epik [erzählende Dichtung] und Lyrik [Gedichte]). Kennzeichen für das Drama ist unter anderem, dass die gesamte Handlung in Form von Dialogen und Monologen ausgedrückt wird. Das Drama bringt die Handlung auf der Bühne zur Darstellung. Die Handlung ist häufig gekennzeichnet durch den Konflikt gegensätzlicher Haltungen. Die gegensätzlichen Haltungen können durch verschiedene Personen verkörpert werden, sie können aber auch in einer Person angelegt sein (innerer Konflikt).

erregendes Moment Häufig endet die → Exposition mit einem erregenden Moment, das auf die bestehenden Konflikte hindeutet und so die Handlung in Gang bringt.

Exposition ist eine Einführung in das Drama. Die handelnden Personen werden eingeführt und der Zuschauer bekommt einen ersten Einblick in den Ort und die Zeit der Handlung und in die Grundstimmung des Dramas. Für das Verständnis wichtige Voraussetzungen, die zeitlich vor der eigentlichen Dramenhandlung liegen, werden in der Exposition mitgeteilt. In der Exposition gibt es meistens auch Handlungsmomente, die die Dramenhandlung vorantreiben (erregendes Moment).

Gestik Alle Bewegungen des Körpers als Mitteilung von Gefühlen.

Handlung Die Aneinanderreihung von Geschehnissen ergibt die Handlung eines Stückes. Ausgelöst werden Handlungen oft durch Konflikte; man unterscheidet äußere Handlungen (äußere Ereignisse) und innere Handlungen (geistige, seelische Auseinandersetzungen) und – nach dem Aufbau – steigende und fallende Handlung. In älteren Dramen verläuft die Handlung meist folgendermaßen: 1. Akt: Einleitung, Exposition – 2. Akt: Steigerung der Handlung – 3. Akt: Höhepunkt – 4. Akt: fallende Handlung – 5. Akt: Lösung, Katastrophe.

Held Hauptfigur im Drama.

Konflikt ist ein wichtiges Element der Handlungsführung im Drama. Er ist der Widerstreit von Gefühlen, Werten und Auffassungen; der Konflikt ruft Spannung hervor, die nach einer Lösung verlangt. – Der Konflikt kann zwischen verschiedenen Personen ausgetragen werden, er kann aber auch in einer Person angelegt sein. In der Regel liegt dem Drama ein zentraler Konflikt zugrunde.

Mauerschau (Teichoskopie) ist ein Mittel der Dramentechnik, das es erlaubt, auf der Bühne nicht oder nur schwer darstellbare Ereignisse zu vergegenwärtigen. Solche Ereignisse werden von einem auf erhöhter Warte stehenden Beobachter den Spielern und damit dem Publikum berichtet bzw. geschildert. Im Gegensatz zum Botenbericht spielen sich die Ereignisse gleichzeitig zur Dramenhandlung ab.

Monolog Selbstgespräch einer Dramenfigur. Der Monolog kann verschiedene Aufgaben übernehmen:

- Es werden Vorgänge berichtet, die auf der Bühne nicht darstellbar sind oder dem Drama vorausgehen (Exposition).
- Eine Person offenbart ihre Gefühle.
- Die inneren Konflikte einer Person werden mitgeteilt.

Peripetie Unter Peripetie versteht man den Wendepunkt, den plötzlichen Umschwung.

Protagonist Hauptfigur (Held) des Dramas.

Regieanweisung Sie ist eine in den Sprechtext (Dialoge, Monologe) eingeschobene Bemerkung des Autors. Es handelt sich um Hinweise für die Schauspieler und den Regisseur. Im Text sind die Regieanweisungen meist durch Klammern und Kursivschrift vom Sprechtext abgehoben. Sie enthalten Informationen über Ort, Zeit, Personen (Aussehen, Gesten, Verhalten, Standort auf der Bühne), Bühnenbild, Beleuchtung, Geräusche, Musik, Sprache, Betonung u. a. m.

Regisseur Spielleiter bei Theater, Film, Fernsehen. Er ist zum Beispiel verantwortlich für die Erstellung des Spieltextes (das Regiebuch), für die Gestaltung des Bühnenraumes und für die Leitung der Proben.

Requisite Gegenstand, der für die Aufführung des Dramas notwendig ist.

Schauspiel Deutsche Bezeichnung für → Drama.

Szene → Auftritt.

Teichoskopie → Mauerschau.

Charakteristik einer (literarischen) Person

Was ist eine Charakteristik?

Die Charakteristik versucht den Charakter eines Menschen zu erfassen und sprachlich darzustellen. Unter Charakter versteht man die ganz besondere Eigenart eines Menschen, das, was seine Persönlichkeit ausmacht. Es geht also vor allem darum, seine Eigenschaften und Verhaltensweisen abzubilden.

Man muss einen Menschen gut kennen und genau beobachten um ihn charakterisieren zu können. Da man mit einer Charakteristik auch immer wertet, sollte man überlegt urteilen.

Was ist eine literarische Charakteristik?

Auch literarische Figuren (also Personen in Schauspielen, Romanen, Erzählungen usw.) lassen sich charakterisieren, weil der Autor ihnen Eigenschaften und bestimmte Verhaltensweisen gibt. Manchmal allerdings will ein Autor gar keinen Charakter, sondern einen Typus vorstellen (z. B. in Märchen).

Literarische Figuren zu charakterisieren ist deshalb schwierig, weil die Eigenart aus einem Text erschlossen werden muss. Und da die Phantasie des Lesers dabei auch eine Rolle spielt, können die Charaktere leicht unterschiedlich gesehen und bewertet werden. Es sollte immer Ziel der literarischen Charakteristik sein, Aussagen über eine Figur vom Text her zu belegen, also aus dem Text heraus zu begründen. Wenn zum Beispiel festgestellt wird, eine Figur sei „mutig“ oder „gutmütig“, dann sollten die Handlungen und/oder die Äußerungen, die ein solches Urteil erlauben, genannt werden.

Wie sollte man vorgehen?

Zunächst sollte man erfassen, was über das Äußere einer Person mitgeteilt wird (also Aussehen, Gestalt, Bewegung, Kleidung). Die Beschreibung des Äußeren ist dann besonders hilfreich, wenn sich eine Beziehung zum Inneren herstellen lässt (vgl. z. B. Wenzel Strapinski in *Kleider machen Leute*). Oft ist es ratsam, auch auf die Herkunft, die Lebensumstände oder die soziale Stellung einzugehen. Das Herzstück der Charakteristik besteht in der Darstellung hervorstechender Eigenschaften, Handlungs- und Verhaltensweisen.

Sowohl im beschreibenden als auch im eigentlich charakterisierenden Teil spielen Adjektive und Partizipien eine herausragende Rolle. Sie müssen genau benennen und Nuancen erfassen.

Hier als Beispiel eine Charakteristik von Gertrud Stauffacher:

„[…] Gertrud Stauffacher handelt tapfer und aufopferungsvoll. Sie ist eine Frau, die bewusst ihren Teil der Verantwortung mitträgt, den sie durch ihre Heirat mit Werner Stauffacher auf sich genommen hat. Sie sieht die Ehe nicht nur realistisch, sondern als ein reines Lebensideal: Sie will teilhaben an den Sorgen und Nöten ihres Mannes. ‚Vertrau es mir, ich bin dein treues Weib / und meine Hälfte fodr ich deines Grams […]‘ (I, 2).

Sie versucht nicht sich um ein Problem zu drücken und sie erkennt auch die Tragweite ihrer Entscheidungen klar. Und mehr noch: Sie […] fühlt sich vollkommen gleich-

berechtigt und sie ist auch bereit, für ein reines Ideal – die Freiheit – etwas aufzuopfern. ‚Ertragen muss man, was der Himmel sendet' … und: ‚Wüsst ich mein Herz an zeitlich Gut gefesselt …' sowie: ‚Die letzte Wahl steht auch dem Schwächsten offen, ein Sprung von dieser Brücke macht mich frei!' (I, 2). Sie sieht die Dinge nicht so naiv wie z. B. Hedwig Tell und sie hat auch den Mut die lange verschwiegene Idee, den Keim des Aufstandes, in ihrem Mann zu erwecken. ‚So höre meinen Rat! Du weißt, wie hier zu Schwyz sich alle Redlichen beklagen …' (I, 2).
Ohne Rücksicht auf sich, auf ihren Besitz und sogar ohne Rücksicht auf das Glück ihrer Ehe handelt sie. Die Befreiung von der Willkür der Vögte, die Freiheit steht ihr über allem und das macht Gertrud Stauffacher zu einer der eindrucksvollsten Gestalten des *Tell*. […]"[1]

1 Das Beispiel für eine Charakteristik stammt aus: Eduard Steinbügl: Der deutsche Aufsatz 2. München: Oldenbourg [3]1968, S. 46

Hinweise zum Zitieren

Was ist ein Zitat?

Unter Zitat (von lat. *citatus* = herbeigerufen) versteht man die wörtliche Wiedergabe von Textstellen aus anderen Texten (Primär- und Sekundärliteratur) in der eigenen Arbeit.

Warum zitiert man?

Innerhalb einer Arbeit dienen Zitate dazu, die eigenen Ergebnisse oder Erkenntnisse durch „Beweise“, also durch Textbelege, zu untermauern und eigene Behauptungen abzusichern.

Wie zitiert man?

Die Übernahme fremden Gedankenguts in die eigene Arbeit macht man dadurch kenntlich, dass man am Anfang und am Schluss des wortwörtlich zitierten Textes zwei Anführungszeichen setzt. Bei Zitaten oder bei wörtlicher Rede innerhalb eines Zitats wird nur ein Anführungszeichen geschrieben.

Das Wort „Zitat“ oder die Wendung „Ich zitiere“ ist überflüssig.

Achtung! Zwei Gefahren!

- Eine Arbeit besteht aus zu vielen Zitaten; die eigenen Gedanken und Ausführungen treten zu stark zurück.
  In erster Linie soll eine Arbeit die gedankliche Leistung des Verfassers wiedergeben. Nur wichtige oder umstrittene Aussagen des Verfassers werden durch Zitate belegt.
- In einer Arbeit wird auf jeden Beleg in Form von Zitaten verzichtet. Dann kann leicht der Eindruck entstehen, dass der Verfasser zum Beispiel den Text, über den er schreibt, nicht genau oder gar nicht kennt.

Beispiele für Zitiermöglichkeiten

a) Nachgestelltes Zitat (in Klammern)
   Hedwig Tell macht ihrem Mann zum Vorwurf, er sei immer hilfsbereit, könne aber in schwierigen Situationen von anderen keine Hilfe erwarten. („Ja, du bist gut und hilfreich, dienest allen,/Und wenn du selbst in Not kommst, hilft dir keiner.“ – S. 70, Z. 11 f.)
   Stauffacher betont besonders den Freiheitswillen der alten Schweizer. („Doch *wir*, der alten Schweizer echter Stamm,/Wir haben stets die Freiheit uns bewahrt./Nicht unter Fürsten bogen wir das Knie, …“ – S. 59, Z. 34 ff.)

b) Nachgestelltes Zitat (nach Doppelpunkt)
   So sagt Gertrud Stauffacher in I, 2: „Wüsst ich mein Herz an zeitlich Gut gefesselt,/Den Brand wärf ich hinein mit eigner Hand.“ (S. 31, Z. 34 f.)

c) In den Satz einbezogenes Zitat
   Wenn Schiller Tell sagen lässt „Ich kann nicht lange prüfen oder wählen, …“ (S. 36, Z. 20) und „Wer gar zu viel bedenkt, wird wenig leisten.“ (S. 70, Z. 10), dann wird deutlich, dass Tell als Mann der Tat erscheinen soll.

d) Zitierung einzelner Wörter
   Tell ist zunächst entsetzt über Parricidas Erscheinen, er bezichtigt ihn des „Vatermordes“ und des „Kaisermordes“ (S. 123, Z. 35).
   Tell will Parricida nicht „ungetröstet scheiden“ (S. 125, Z. 11) lassen.